谨以此书

献给在实现财务自由的道路上孤独探索的投资者

10^n

RUHE CONG SHIWAN
DAO YIQIANWAN

如何从十万到一千万

股市精准投资指南

高维牛 著

中国发展出版社
CHINA DEVELOPMENT PRESS

图书在版编目（CIP）数据

股市精准投资指南/高维牛著．—北京：中国发展出版社，2018.2（2020.8 重印）

ISBN 978-7-5177-0808-7

Ⅰ.①股… Ⅱ.①高… Ⅲ.①股票投资—指南 Ⅳ.①F830.91-62

中国版本图书馆 CIP 数据核字（2017）第 283995 号

书　　名：股市精准投资指南
著作责任者：高维牛
出版发行：中国发展出版社
联系地址：北京经济技术开发区荣华中路 22 号亦城财富中心 1 号楼 8 层（100176）
标准书号：ISBN 978-7-5177-0808-7
经 销 者：各地新华书店
印 刷 者：北京市密东印刷有限公司
开　　本：880mm×1230mm　1/32
印　　张：8
字　　数：180 千字
版　　次：2018 年 2 月第 1 版
印　　次：2020 年 8 月第 3 次印刷
定　　价：58.00 元
联系电话：（010）68990692
购书热线：（010）68990682　68990686
网络订购：http://zgfzcbs.tmall.com
网购电话：（010）68990639　88333349
本社网址：http://www.develpress.com
电子邮件：271799043@qq.com

高维牛

湖南长沙人，天涯社区股市论谈知名大V，财经作家，荣获天涯社区18周年财经盛典人物。纵横股市十数年，以其渊博的学识和丰富的实战经验，把充满无常变化的股票交易化繁为简，形成独具一格、精准高效的完善交易体系。在天涯社区股市论谈首度发布炒股长帖《如何从十万到一千万——每天解股、提供买卖点》，便以其超高收益引起广大读者追帖，数月间点阅量突破3000万。

前言
Preface

也许你是被标题所触动，可能仅仅是无意间看到了这本书，但无论如何，可以肯定的是，站在一个股民的角度，你已经拿到了对你有价值的一本书，因为它能让你的股市生涯迈进全新的境界。

本书没有一句废话和臆想，只关注一个问题：如何用现有的资金，比如10万元，仅凭自己的智慧，赚到人生第一个1000万元？换个说法就是：从10万元到1000万元的距离有多远？

这个因人而异，对有的人来说，这如天堑鸿沟；但是对一小部分人来说，这距离其实很近，就是跨过20万元、40万元、80万元、160万元、320万元、640万元、1280万元这7个台阶而已。其中最关键的，是跨过第一个台阶，至于其余的操作都是一样的，只是把第一遍干过的事再重复干几遍而已。当然，1000万元以后，具体做法与资金管理模式又和之前有所不同，财富积累的速度会逐渐变缓。

如果你的起始资金不是10万元，而是上百万元或者几万元，这都没什么大不了的，只是完成目标的时间长短有些差异罢了。

10万元，翻一倍，按复利累计，连续七八次盈利10%就可以达到。只要你有一套高度精密完善的交易系统，1周平均只赚5个点，15周就能从10万元涨到20万元，如此重复7次，即105周，就能从10万元复利翻番到1300万元。

表1、表2是笔者带网友公开操作股票前两周的全部记录，无任何事后增删，在天涯社区股市论谈均有发帖记录可以查验。

表1　2016年10月份第二周（18～21日、24日）股票交易小结

买入时间	股票	买入价格（元）	操盘风格	当日最高涨幅	卖出时间	卖出价格（元）	持股天数	盈利
10月18日 09:50	富煌钢构	17.20	隔日超短	10.00%	10月19日 10:38	18.89	2	9.80%
10月18日 13:17	天赐材料	55.10	隔日超短	10.01%	10月19日 10:08	57.35	2	4.00%
10月18日 13:59	中国核建	15.85	一周超短	5.12%	10月24日 10:38	17.59	5	10.90%
10月19日 09:34	登云股份	34.50	超差做空	4.81%	10月20日 11:15	34.37	2	-0.37%
10月19日 13:45	中青宝	20.53	两周短线	3.92%	持股			
10月24日 09:34	姚记扑克	20.00	一周短线	8.64%				5.02%
10月24日 09:10	伊利股份			9.99%	高开，不买			

表2　2016年10月份第三周（星期一至星期五）清仓股票交易小结

买入时间	股票	买入价格（元）	操盘风格	当日最高涨幅	卖出时间	卖出价格（元）	持股天数	盈利
10月18日09:50	中国核建	15.85	一周超短	5.12%	10月24日10:38	17.59	5	10.90%
10月24日09:34	姚记扑克	20.00	半周超短	8.64%	10月26日10:19	21.00	3	5.00%
10月25日09:34	来伊份	37.60	隔日超短	9.99%	10月26日09:34	43.59	2	16.00%
10月26日09:34	崇达股份	53.60	隔日超短	8.53%	10月27日10:03	56.78	2	5.90%
10月27日11:28	廊坊发展	28.62	隔日超短	-2.07%	10月28日13:35	30.20	2	5.60%

1年有52周左右，除掉放假、空仓和个股盘整，再减掉及时止损、利润回吐所耗费的时间，保守点，打五折，只算25周，4年足以完成从10万元到1000万元的计划。

问题的关键是，你有没有一套“高度精密完善”的交易系统？如果没有，那不好意思，几年之后，很可能你的资金连1元钱都不会增加，情况更糟糕点，也许只剩下初始资金的几分之一，甚至1/10。如果你有这样一个交易系统，看股市就像看自己的衣服一样清晰明白，操作股票就像操作自己的左右手一样熟练轻松，持续盈利又有什么不可能的？

中国股市发展的20多年里，有数不清的人在二级市场的股票交易中创造了财富传奇，经历了从万元级别到千万级别，再到亿元级别的飞跃，而且有名有姓的公认真实案例也时有所闻。

别人成功凭的是什么？当然是一套适合于当时、适合于自己的成功交易方案。

从菜鸟到成熟，其间的过程太艰难了，在这段艰难的探索过程中，只有靠天赋和欲望，才能让职业交易员坚持到最后。至于其间悄悄流逝了多少金钱和岁月，只有他们自己清楚。这也是他们成功后不愿意公开自己的交易体系的主要原因。在成功的职业股民中，愿意全盘公开而且写得明白的，也是屈指可数。

本书以下所要呈现的交易体系，集技术逻辑与思维哲学之大成，而且匹配上足够多的实时交易去检验，充分展现了本理论体系的盈利能力，这也是本书与金融投资领域汗牛充栋的其他图书的最大不同之处。

目录

Contents

1 Chapter

总论

2 Chapter

走势的形态

3
Chapter

走势的力度

4
Chapter

股票买入、卖出的时机

5
Chapter

股票交易体系

1

Chapter

总　论

开篇词曰：

茫茫乾坤悬星宇，巡轨苍穹匆匆。欣欣万木枯荣中。落英曾缤纷，喷艳邀花虫。

神魔将相裂竹帛，渔樵击水凌空。百代风云同一梦。片纸笼古今，漫卷天下雄。

一首《临江仙》，道尽宇宙人生的先天局限和有限自由，以及各级生命形态的自相似性与动态平衡。在这个恢宏无涯的背景下面，就是人类中的个体、集团为利益而殚精竭虑的无声战场。而股价走势的特征，正是这种局限与自相似性在博弈行为中的延续。

天下攘攘，皆为利往，股票交易的二级市场，是人类逐利的缩影。但如果仅此而已，那股市也就没什么复杂的了，事实上在股市里还聚集了人类的无知和恐惧，看一看每天在社区论谈和交易软件下面发的评论就知道了。数以千万计的股民被股价走势折腾得死去活来，亏得一败涂地。这就有一个问题出来了：股民这么痛苦，是谁在玩弄他们？

这个玩弄股民的，当然是人，不关沉默的自然规律什么事。

中国有差不多1亿股民，少算也有几千万人参与股市交易。这么庞大的群体，能玩弄他们的，连威武强悍的军队都做不到。那究竟是谁？不要说是庄家主力之类，庄家主力也在股民群体当中，有时候被玩得比一般散户还惨，只是人家不说罢了。

唯一能让股民犯错误和被戏弄的，只有股民自己。因为无知而闯进股市，又因为无知而自虐。

其中的关键在于——学习。你见过哪个正规学科的从业人员没有经过系统的学习就上岗的？幼儿园的小朋友可以写文章谈古论今？实习的护士可以给病人开胸剖腹做手术？汽车教练可以驾驶战斗机？股民的可笑就在这个简单的问题上，以为到证券公司开个户，冲进股市就可以去纵横捭阖、指点江山了。

无知而妄为，这是自虐的根源。

至于学习的具体内容，与其他任何一门学科又稍有不同，除了相关的股票交易知识之外，还有一大内容是认识人性、重塑自我。因为一个股市参与者所要面临的对象，直接是各种充满了成见、贪婪和恐惧的人类情绪本身，我们自己当然也包括其中。

自从有金融市场的一百多年以来，投资人对于股市波动逻辑和规律的认知，是一项极具挑战性的世界级难题。迄今为止，还没有任何一种理论和方法，在众多股民的实践中经得起时间的检验。

而现有的股票理论，大体有两种：一种是不炒股或炒股只会亏损的书呆子们写的，给你科普一下似乎高大上的金融常识，告诉你什么叫 K 线、市盈率、净资产，什么叫出货、涨停，股市的历史沿革以及对国民经济发展的作用，而这些在二级市场的直接博弈中几乎没有什么用处；另一种是会炒股的半文盲写的，只有不成系统的零碎技术与所谓的基本面，没有心性层面的内容。股市竞争，实质上是股民心性层次的全面竞争，如果不能在心性修养方面建立起自己的核心竞争力，一切理论和分析都是空谈。

股价走势的表象是图表形态，即人类精神空间的欲望与权衡在股价走势上的投射，战胜股市的前提，是深刻地了解股市，而缺席了思维哲学的分析，是无法深刻下去的。

本书的交易理论与普通投资者写的关于股票交易的核心目标不同。如果把股票交易市场比作一片可以打猎的森林，本文无关乎自己打猎的往事与幻想，也不是要告诉你哪里有一只兔子，而是一个集思维哲学与走势分析于一体的至高交易系统。成为本交易系统合格的猎手之后，你就可以在这座苍茫的森林里猎杀你感兴趣的猎物了。

同时，本书将把股票交易系统建立在恢宏精微、清晰严谨的哲学逻辑之上，以此实现接近确定性的盈利。

第 1 节 体系的架构

本书分为五章，总体上采用标准的逻辑推导模式布局。

第一章“总论”，初步勾勒本书大体的方向和计划，以及对市场的基本看法。再阐述市场走势四大定律，它们是理解和破解股市交易四把锋利的工具刀。掌握了这几件强大的工具，后面的走势分析和具体交易的学习就变得容易了。然后是一些股票交易实践案例。一个交易体系在实践中的总体实效，是检验此体系是否科学的唯一标准，也是读者判定本书价值的唯一标准。

第二章“走势的形态”，即图表形态的逻辑构造。这一部分的目的是通过对已有走势的归纳分析，得出市场走势在二维图表上的绝对有限性，并划出几个明确的分类。后面的操作，只需要在某一类情况出现时，采取对应的交易就行了。

第三章“走势的力度”。深入认识走势在阻力中的运动、股价走势的强弱态势，分析股价走势在阻力中与诸分力此消彼长，从弱到强，再到衰竭的完整生灭过程，并初步理解不同周期走势之间的自相似性与相互制约的关系。在深入的基础上，再浅出，于章节末尾，对走势的根本结构予以简化。这一章是寻找合适“猎物”，并在合适的买入时机精准狙击股票的依据。

第四章“股票买入、卖出的时机”。关于股票交易的一切经验和知识，最终都要落实到“买入”和“卖出”这两个具体操作才有实践意义，而精确的买入、卖出时机，离不开对股价走势充分理解这个前提条件。全书的核心目标——股票交易体系，就是建立在科学的买入、卖出时机之上的。

第五章“股票交易体系”。立足于相应的买入、卖出时机，一个完善的交易体系由做空模式和做多模式两大部分组成，局限于自己的喜好和厌恶，偏废任何一方面都是不成功的。但在“股票”与“交易”两个方面，第一侧重的必须是“交易”，即股民的精神世界、股民的职业素养，这是一切交易规则赖以执行的基础。舍此之外，任何科学的交易规则，如果建立在一个大幅波动、反复无常的内心世界之上，都是无法发挥效用的。所以，一个完整的交易体系，还应该包含自我纠错、自我优化的功能，这样才能与时俱进，臻于完善。

接下来会有一个总释，简略梳理一下前面几个部分的要点，在一个更高视野下，重新审视我们身处其中的金融投机市场，从牢牢控制着普通人的贪婪恐惧中超脱出来，可知市场的走势永远局限在有限的必然之中，而且这个有限，是可以清晰指出其具体界限的。不同的结果对应着相应的操作而已，市场交易将会被解构得相当清晰、明白。在这一视野下，无论微小散户、慧黠游资还是高瞻远瞩的宏大资本以及来去如风的国际炒家，其诡诈变化都将无所遁形。

市场走势波动的本质，是市场参与者人性、欲望的摇摆，源于纯粹主观意志的波动，是市场唯一不变的客观所在。正是这种波动的性质，给予我们交易获利的机会。对于股票来说，所有的盈利，都是在向上的波动中实现的；一切亏损，都在向下的波动中产生。

对一个彻底看透市场的交易者来说，市场就是一个可以提供稳定收入的场所。这如何才能成为现实呢？就是在对市场波动的本质和局限充分了解之后，凭对价、量走势的精通与信息流、资金流的组合应用，长期立于不败之地。

具体做法是在向下的波动中完全持币，或大仓位持币；在向上的波动中完全持股，或大仓位持股。无须借助什么牛市大势，即使在综合指数走势比较萧瑟的行情里，个股走势也不可能保持水平直线，只要把不同的个股往微观放大，从30分钟视界、5分钟视界甚至1分钟视界综合研判个股走势，寻找出跌势衰竭、合力向上波动的那一段，就可以截取市场波动所产生的利润。如此反复，一截截利润的总和，最终与所谓牛市也没什么差别。与牛市不同的是，投入的资金与变化的幅度小一些，交易次数频繁一些。

走势图所展现的，就是一个完美真实的人类精神世界，一个局限在贪婪与恐惧中摇摆的不确定世界。所以，探究股市变化的本质，即探究市场参与者精神世界的变化和摆动，以及这种变化和摆动的限度，并把两者有效地融合。

如果把股票交易知识归纳为一门学科，那么这门学科的基石应该是什么？

在现有各类学科的研究工作中，要研究天体现象的动态变化，因为该现象的具体表现是力与数，所以这门学问的基石是物理、数学；要研究动植物的生长繁衍，因为具体的研究对象是动植物的机理构造、新陈代谢，所以这门学问的基石是生物。

同理，关于股票交易，导致股市一切动态变化的根源是人的情绪、意识、思想与先天局限。即使有所谓基本面与技术面，也是通过影响人的情绪、判断来间接影响股价走势的。研究股市，就是研究股市的参与者在不同外界条件下的思维反应、情绪反应。从这一点出发，股市交易理论的构建，能且只能以哲学作为它的基石——哲学是人类一切技艺与知识的瓶颈，无论是医学、武术、政治、军事、艺术，还是物理、化学、几何、宗教，各领域的集大成者最终殊途同归，通向了哲学。

第2节 任务和计划

本书要完成的任务，就是建立一个确定的交易体系，摒弃掉所有猜测、臆想和总体上没有胜算的赌概率事件。从一个职业交易者的角度来看，有的散户整天瞎猜哪只股票会涨停，没有太大意义，而且不利于长期稳定地战胜股市。如果你拿出计算器算一下，就会知道2次5%，就比一个涨停还多，而5次2%，比2次5%还多。在资本市场，确定性加上复利的威力才是最大的，这也是一条纵贯全文的原则。而账户资金上上下下的折腾，成不了大器。

为了达成这一目标，首先，所选择的作为分析探讨的依据，一定是建立在最坚固的基础之上，在充满陷阱和欺骗的市场上，唯一可以依赖的，只能是市场的当时走势——这个由众多的参与者用自己的倾力判断和真金白银堆积出来的股价K线走势。

市场走势体现了市场全体参与者对于当下形势和未来预期判断的总和，是我们所能掌握的最接近于真实的第一手信息。市场参与者的每一次账户盈亏，只与在股民眼前展现的市场走势相关。把精力浪费在纷繁的事件和第三者的报道上，长远来看，只会让你迷失在无可依靠的风浪中。

凭借高效率的逻辑分析工具，在对市场走势的精确研判、狙击中成长壮大，最终构造出一架属于你自己的快速赚钱机器，让市场为你提供资本化人生所需要的养料。要做好这件事情，对市场进行分析狙击的能力是必要的但非最重要的，最重要的是提高自己的心性修养。股票市场运转在人性的贪婪和恐惧之上，不能破除人性贪婪和恐惧的执着，就只能被市场教训。

本书明确的任务和计划，决定了它致力于解决股票交易实践中相对有深度、长期悬而未决的问题。所以，简单的入门级概念、名词，不是本书讨论的重点，欠缺最基本实践经验的，可以边实践边领悟。阅读过程中，有暂时不懂的名词、术语，请自行查阅相关资料。或者先囫囵吞枣，通读全书，观其大略，再回过头来，对某些章节仔细阅读，或许当初不懂的某些细节，此时即可轻易弄明白了。

一套立足于交易实践的成熟理论，它的应用价值至关重要。要构建一个具有实战盈利能力的完善“交易体系”，作者至少要具备以下三个方面的条件。

（1）自己的股市实践胜率很高，而且采取的方法具有普适意义；

（2）愿意全部无偿公开；

（3）有极高的文字表达能力和哲学逻辑修养。

满足条件（1）前半部分的人，应该数量不少，比如资本市场名气很大的甚至形成了以其名字命名的概念股，但是他们多数时候是利用自身的资源优势、信息优势，凭借操控内幕、资产重组、股权收购这些噱头来影响股价，他们的方法对散户毫无借鉴意义。

全部满足条件（1）的，当然也有一定的数量，比如一些牛散、基金机构私募里的操盘高手。可是再经过条件（2）过滤一遍后，就所剩无几了。而再用条件（3）过滤一遍后，则更是凤毛麟角。

说一下条件（3），为什么深刻认识股市需要“极高的哲学逻辑修养”？因为股价波动的原动力存在且仅存在于人类精神世界的利益驱动，欲穷究股市，必穷究源头。若不能从精神空间波动的视野看股市，仅仅局限于走势表象，只能得其变化之形而不能得其神，而且对于交易体系基点是否牢固，也无法自检。在这一点上，一些操盘高手和成功牛散虽然能会意，凭直觉和经验可以正确地操作，但是由于局限于自己的学问水平、逻辑素养，他们是无法用文字剖析、表达清楚，再传递给他人的。

重申一个重点，本交易体系来源于股票交易实践，经过严格的逻辑检验，层层递进，对一些关键问题都做了特别说明，不存在模糊不清的死角。看完了感觉某些地方迷糊的，那只是阅读过程中的理解问题，还有就是对总体层次的把握程度问题。

另外，单独提出另一条关于本书的关键：在实际的股票交易中，成效如何？因为实践是检验真理的唯一标准，所以把笔者在股市论谈实时公开的交易案例（无证可查的交易是没有说服力的）放在第一章末尾、第二章之前。一方面，为后面即将展现的严谨逻辑推演做个铺垫；另一方面，就像电影的预告片一样，让读者朋友们对本交易体系在实践中的面貌有一个直观的印象。

第3节　四大定律

定律1　市场走势反映一切

股票走势上任意一个微小的变动，都是相应资金的买入、卖出行为导致的结果。市场参与者所作出的每一个决定，都经过了深思熟虑，提前考虑了一切自认为有效的信息，包括对国家的经济预期、货币利率、进出口贸易、产业结构、政策导向、风险监管、科技创新等宏观方面的考量，也包括对股市综合指数、成交量、人气、股价走势的技术面与基本面、大小资金分布、筹码集中度、股东公告、板块概念、市场风向，甚至于内幕消息、股评观点等具体因素的考量，最终这一切信息所能代表的利益必将充分地反映在价格的K线走势上。

如果有某一种因素，自始至终永远不会反映到股市的价格走势里，那么，这个因素对股价的影响就等于是无效的，可以忽略不计。

每一位股票交易的参与者，其所有希望、失望与市场判断都会综合反映在大盘及个股每天的上下波动中，成为波动的一个组成部分，并且也能够提前反映未来事件的影响。如果发生诸如火灾、地震、瘟疫、恐怖袭击、政治动荡、金融风暴等灾难，其影响也会迅速在指数、价格中反映出来。

市场走势反映一切，正是这样，才使得研判市场的走势显得非常有价值，并且使预判未来市场趋势成为可能。K线走势信息相对于每一个交易者来说，它的直观和公平，是任何其他方式无法比拟的。

定律2 市场波动本质上是市场参与者内心世界的波动

你在市场中所看到的一切，只不过是你的内心世界在市场中的投射。

证券交易行为本身是一种纯主观的操作，面对同一个市场走势，有多少个交易的参与者，就有多少种对当时走势截然不同的评判，而且任何一种评判对于交易者自己来说，都是无差别的合理，进而反馈影响市场走势本身，这就是市场波动的根源。

每一个人所了解的、任何能够轻微影响到金钱利益的事情，均会以信息的形式流入交易市场。但最终起作用的，不是信息本身，而是市场参与者对信息的反应。

股票市场本身，则以上涨、下跌的波动来代表所有这些信息消化之后的价值变化。有太多的信息，其本身与具体的股价几乎毫无关联，但是只要这些信息被纳入了市场参与者的内心世界，终将影响市场参与者的权衡，进而影响股价变化，在某些关键临界点，甚至引发羊群效应，导致巨幅波动。

如果金融市场有所谓的客观性，也会因人类利益的博弈，瞬间灰飞烟灭。市场，从来都是唯意志的，市场参与者心不动，市场走势不动，而心一动，市场走势便波动不止。而自然科学所谓的客观，比如万有引力、质能方程、元素周期、风雷雨雪，是不会有这种状况发生的。面对同一个市场走势，有的人冷静，有的人恐惧，有人看多，有人看空，最终各位参与者依据自己的判断，做出自认为最有利的操作。当你按下买入或卖出键的那一刻，你的思想和内心世界的波动，就凝固成了唯一的瞬间客观——其客观性因参与者的观测而存在，其结果又因观测者的参与而改变。由以上可以得出：

推论 1　市场走势所体现出来的时空二维，是相对的。

在绝对的时空观点里，时间是处处均匀的，空间是刚性的，不被事物变化所影响。如果市场走势所体现的时间（周期）、空间（股价）也具有这种性质，那么，所有市场参与者对于走势延续的时间和预期，以及对股价高低的判断，都会是相同的，然后众多的股民会去交易同一只股票，会在同一时刻买入或卖出。就像中国人会在同一天过春节，全世界的奥林匹克参赛运动员也会在同一时间到达同一地点参加奥运会一样。但在股票交易中，这种同一性通常是不可能出现的。

一只股票走势延续多久（时间），上涨、下跌的幅度（空间）是大还是小，不同的交易者对此有着完全不同的判断，并且对应着截然相反的操作。

面对市场走势，不能深刻认识到它所运行的时空二维是相对的，这也是太多市场参与者被“残酷绞杀”的原因。举例说明，在某一只股票里面，出现了一个为期 15 天的窄幅震荡，对于想洗筹的大资金来说，15 天很短，它会继续在里面做短差，但是对于想一击即中的超短线交易者来说，15 天时间太漫长，其时间成本几乎无法忍受。然后该股一个破位下跌，幅度为 5%。这个幅度（空间）在不同投资者的评判里，含义又完全不同。大资金继续低位接下筹码，超短线股民则选择认亏止损出局。

推论 1 的意义在于，在实际的交易中，股价走势所延续时间的长短、股价变化空间的大小，都是相对的，只有精确地界定自己所交易的周期（例如，是日线周期还是 30 分钟周期），明白值得参与的机会处于走势发展的哪一阶段（例如日线周期盘整或 5 分钟周期的上涨），才能进退有度，控制风险。

股市走势运行在相对时空里，对于不同的参与者，相同的值代表不同的含义；即使对同一个参与者，在不同阶段、不同的资金量、不同的持仓成本、不同的情绪状况下，其代表的含义也会不同。

定律 3　人类行为的自相似性会复制到市场走势上

自相似性的定义：如果一件事物自我相似，表示它和它本身的一部分完全或是几乎相似。若说一个曲线自我相似，即每部分的曲线有一小截和它的总体相似。自然界和人类社会中很多事物都有自我相似性质，如海岸线、树木（如图 1. 3. 1）、社会组织、行星轨道（如图 1. 3. 2）等。

图 1.3.1　树木、树枝、树叶的自相似性

例如一棵大树，从树上折下一根树枝，这根树枝的形状、结构会与大树的形状、结构相似，而树枝本身是大树的一部分，这就是自相似性。

图 1.3.2　在太阳系中，各大行星的运行轨道与其卫星的运行轨道具有自相似性

在人类社会，任意一小部分人的行为特征与人类总体的行为特征也存在自相似性。股市走势是由全体市场参与者的行为总和决定的，但是在这个总和里面，任何一段时期、任何一个个体的行为特征，也会与全体市场参与者的行为总体特征相似，这就导致了不同股票品种走势的相似，不同时间周期走势的相似（如图 1.3.3），以至于今年的股市走势与一百年前的股市走势相似，

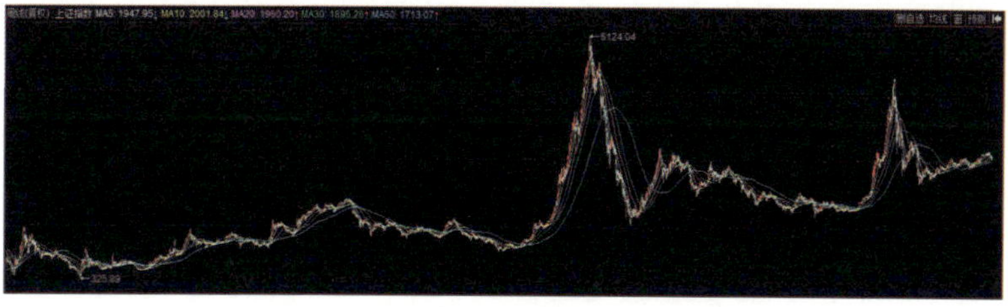

图 1.3.3　股价走势在不同的周期上具有自相似性

一切都会在相应的条件下大致重复。这一点，就是股市走势分析可以依据的基础之一，在市场参与者趋利避害的必然动机下，市场走势的方向不可能随机无目的地乱走。否则，全世界的金融投资者只能靠抓阄碰运气了。

正因为股票走势的自相似性是成立的，充分运用好这一点，就给解开股市走势的密码提供了一件厉害的武器。针对具体个股的当下走势，想要知道它下一步最有可能干什么，只要把它不同周期的走势包括几个辅助指标层叠起来分析，就可以把有无穷可能的未知走势问题，转换成一道在已知条件下，求解最简单方程的逻辑问题。

定律 4　动态平衡是股市走势的常态，在任意周期都可以轻易维持

人类的欲望虽然总体向外扩张，但是也没有什么绝对的分界，各种社会层次、各类对象领域大多数都维持在一个惰性状态，保持自我平衡。

富可敌国的财团巨头在冷静地扩张自己的商业版图，家徒四壁的懒汉悠闲地享受着惬意的晨光熹微，刚刚赢得选举的大国总统正雄心万丈地宣誓就职，偏僻山村的一年级小朋友也因为获得了三好学生奖状而兴高采烈。以上各位，虽然地位迥异，成就悬殊，但是他们内心的满足和平衡是无差别的。就像开篇词中所说的“神魔将相裂竹帛，渔樵击水凌空”，所处的社会地位有高低，但是为己奋斗的梦想等值。

股市的走势特征源自人类的内心世界特征，这种特征导致股价走势在大多数时间维持在盘整状态，或者日线周期盘整，或者5分钟周期盘整，或者高位横盘，或者低位横盘，或者就是大资金在盘整洗筹，或者综合指数在地量盘整、箱体盘整。盘整，是股票走势中的一大杀伤力来源，许多市场参与者都是无条件单方面看多或看空的，往往忽略了盘整的惰性和威力。在盘整里面，无论多、空，都会频繁产生错误的判断、错误的操作。

股票交易行为，属于标准的耗散结构。在这一结构下，维持动态平衡，所需的合力最小，所以盘整是它的常态，而单边走势需要合力的驱动，只是次要、短暂的状态。但是，立足于一只股票上涨才能盈利的市场，大概率的盈利，只能在单边上涨走势中产生，这一点决定了成功的股票交易的一个基本特点，是在盘整时持币等待，在向上的合力形成时才买入，持股，然后观察本轮向上走势合力衰竭的信号，等待卖出时机。

不能深刻认识动态平衡与盘整是市场走势常态的，就无法找准交易的节奏，处处碰壁。股价在200元、300元的，可以维持高位盘整，并不一定会如你预期的那样“泡沫”破裂；股价在3元、4元的，会轻易维持低位盘整，也并不一定会如你预期的那样回归“合理”估值。同样，上涨了50%的股价会盘整后再上涨，令逃顶者惋惜；下跌了50%的股价也会盘整后再下跌，令抄底者懊悔。股价的平衡没有价格上绝对的高低分别，在任何地方都能轻易维持。

第4节 股票交易案例之一：精准买卖

为了将理论结合实践，并给阅读本书的读者带来直观印象，以下案例记录了作者在网络论谈实时交易的操作过程。由于现场直播的实效性，大部分股票的操作风格都是超短线，以便于买入、卖出以及精准把握的时机可以在很短的时间全面展现。长线与中线的操作与此同理，只是注重的走势周期有所不同。

对于作者在论谈的发言以及与网友的互动，限于篇幅，选取了其中一部分，按照发言的时间先后，自然排序，保留了当时风貌；与股票买入、卖出时机相关的，保留发言的时间，以便于有心的读者对照历史走势复盘；为了良好的阅读体验，其余与买、卖时机无关的时间、人物，一律隐去。

表1.4.1　2016年10月份第二周（18～21日、24日）股票交易小结

买入时间	股票	买入价格（元）	操盘风格	当日最高涨幅	卖出时间	卖出价格（元）	持股天数	盈利
10月18日 09:50	富煌钢构	17.20	隔日超短	10.00%	10月19日 10:38	18.89	2	9.80%
10月18日 13:17	天赐材料	55.10	隔日超短	10.01%	10月19日 10:08	57.35	2	4.00%
10月18日 13:59	中国核建	15.85	一周超短	5.12%	10月24日 10:38	17.59	5	10.90%

续表

买入时间	股票	买入价格（元）	操盘风格	当日最高涨幅	卖出时间	卖出价格（元）	持股天数	盈利
10 月 19 日 09:34	登云股份	34.50	超差做空	4.81%	10 月 20 日 11:15	34.37	2	-0.37%
10 月 19 日 13:45	中青宝	20.53	两周短线	3.92%	持股			
10 月 24 日 09:34	姚记扑克	20.00	一周短线	8.64%				5.02%
10 月 24 日 09:10	伊利股份			9.99%	高开，不买			

2016-10-18　09:50:08

早盘股票，富煌钢构可以现价买入。

2016-10-18　13:17:18

下午值得一买的股票，天赐材料。当前价：55.10 元。这只股票有一个日线周期买入时机，目前是 5 分钟周期的盘整。虽然现在是分时图上的高位，但是过两天来看，就知道了。

2016-10-18　13:59:45

中国核建，现在随便在分时走势低位上买入，可以拿 1 周。当前价：15.85 元。

2016-10-18　14:14:02

早盘的富煌钢构，现在已经盈利 8%，买入。不是看到冲高就兴奋地进去了，在 T+1 的条件下，当天的盈亏只是数字，至少要往后预留一两天的操作空间。

2016-10-18　14:48:06

网友：富煌钢构真的涨停了，真是没想到！一下赚了11个点，明天是不是开盘就卖掉啊？

回复：想落袋为安的，可以先卖。不想动的话，等它30分钟走势顶分型出来再说。

2016-10-18　15:04:28

已收盘，明天继续上图。一切都是浮云，涨停才是硬道理。

今天操作的3只股票，效果如图1.4.1、图1.4.2、图1.4.3。

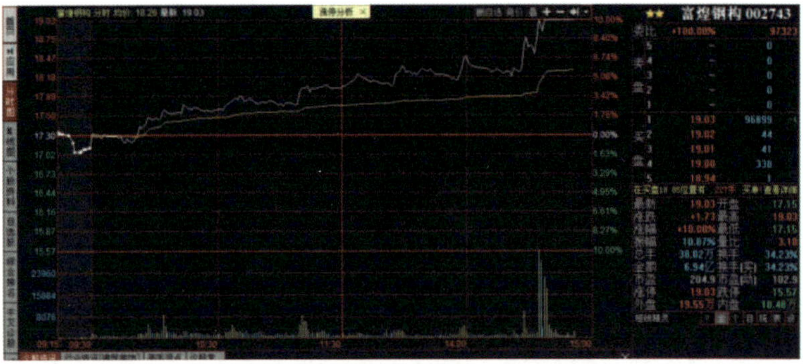

图1.4.1　富煌钢构10月18日分时走势图

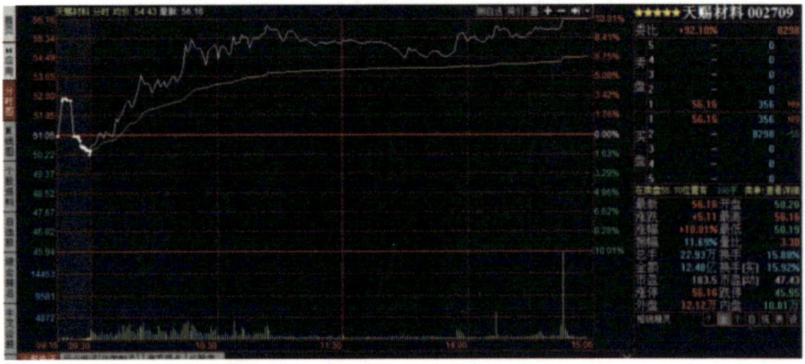

图1.4.2　天赐材料10月18日分时走势图

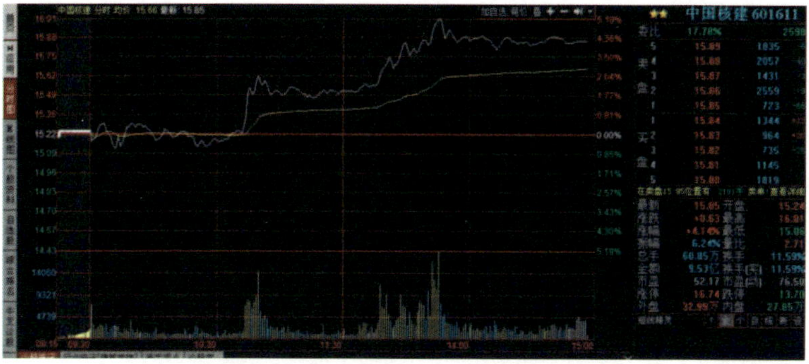

图 1.4.3　中国核建 10 月 18 日分时走势图

提前预告一下，今天所买入的 3 只股票，后面的发展将会各有不同：富煌钢构临近 30 分钟走势的高点，如果出来，就不要进去了；天赐材料日线上涨走势刚确立，若有回调，可以先卖，低点再买入，争取利润最大化；中国核建是个大盘股，行情最慢，目前这个位置，适合没时间看盘，持股 1 周不动的。

网友：早上大盘萎靡，为什么会推荐富煌钢构呢？当时推荐的时候，富煌钢构还跌了 1 个点呢，收盘却涨停。能说说早上推荐的理由吗？

回复：早盘下跌，那只是分时级别的走势，低级别的走势都会被高一级别的走势统治。该股日线上的强势，确定了分时级别的下跌，只是螳臂挡车。

走势每时每刻都处于波动之中，只有把各周期走势联立起来，立体分析，才能在各个时间点把握好走势变化的幅度和节奏，获取利润。

早盘该股走到一个刚好要挑战前期高点的位置，在这里，当然有两种可能，假冲高见顶，或破位上涨。

其中的风险就是，碰上主力假突破筑顶。而主力的计划都是预先设计好的，这一点，刚好提供了可以破解主力的武器，我们倒回去看昨天主力在干什么就知道了。

如果今天要冲高，那么昨天的下跌就是在洗筹；如果今天是多头陷阱，实际上要出货，那么昨天就已经在出货了。

如图 1.4.4，昨天的一根大大缩短的绿色成交量柱，暴露了主力吸筹的目的。所以，今天的选项就是上涨创新高了。而且，30 分钟走势上，有一段下跌，如图 1.4.5，同样是大大缩量，更加证明了今天的强势。

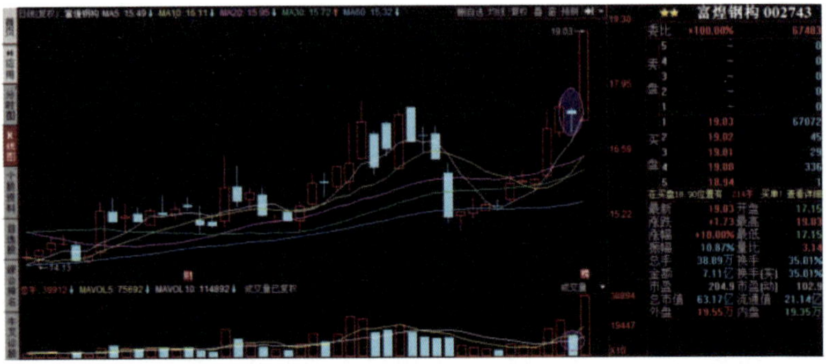

图 1.4.4 富煌钢构日线走势，前一天下跌，但大幅缩量，证明在下跌的状况下，有卖出意愿的股票不多

如以上，股价走势多重周期联立分析，是对付反复无常股价变化的强大工具。学会了，受用终生。

关于吸筹、出货行为在成交量上的体现，只要搞明白主力资金在股市是如何赚钱的，即主力资金完成一轮操作的必然路径，

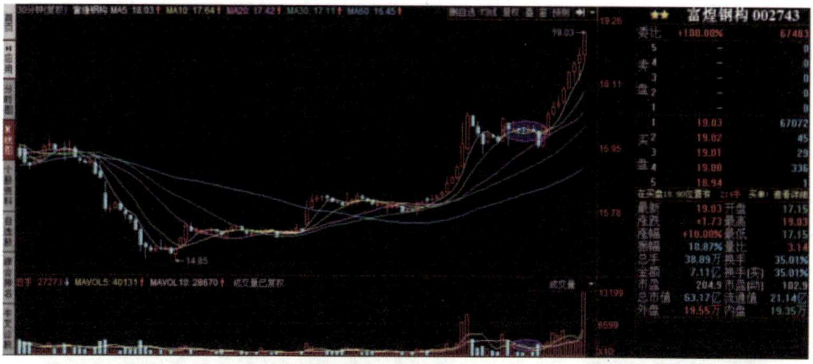

图 1.4.5　富煌钢构 30 分钟走势

就很容易理解了。主力之所以能够影响股票的供求关系，在于其所控制的筹码数量远远超出持股股东的平均数量。当主力所持股票绝大多数静止不动，甚至陆续买进剩余的零散流通股票，当日成交量相比交易活跃时期将会大大减少；然后在股价高位，通过人为因素的影响，尽力促成走势强劲、概念炙热、换手踊跃的表象，把大量的筹码换成资金，完成一轮操作。这个出货的过程在走势图表上留下的最重要痕迹就是成交量暴增。如果要掩盖这个痕迹，其时间成本、机会成本也是相当高昂的。

2016-10-19　09:34:25

推荐一个登云股份。

2016-10-19　10:08:27

昨天的天赐材料可以先卖了，等走稳了再进。

2016-10-19　10:38:31

富煌钢构，现在不出来，还等什么时候？

2016-10-19　13:45:57

中青宝，可以买入。

收盘小结，今天提供了两个卖出时机，如图 1.4.6 与图 1.4.7；两个买入时机，如图 1.4.8 与图 1.4.9。具体以发帖时间为准，下文会有详细分析。

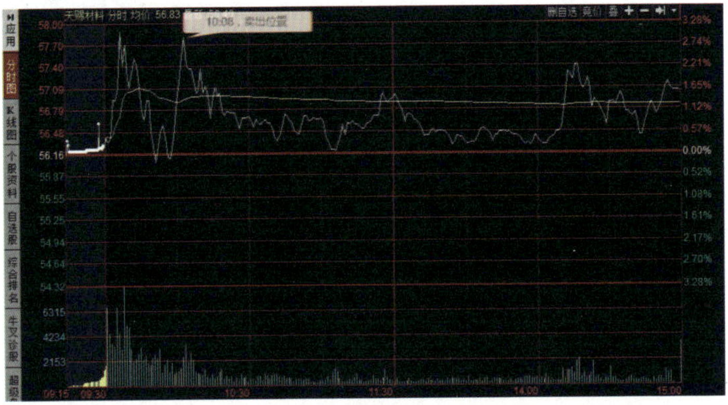

图 1.4.6　天赐材料 10 月 19 日分时走势，标注的时间即卖出时机

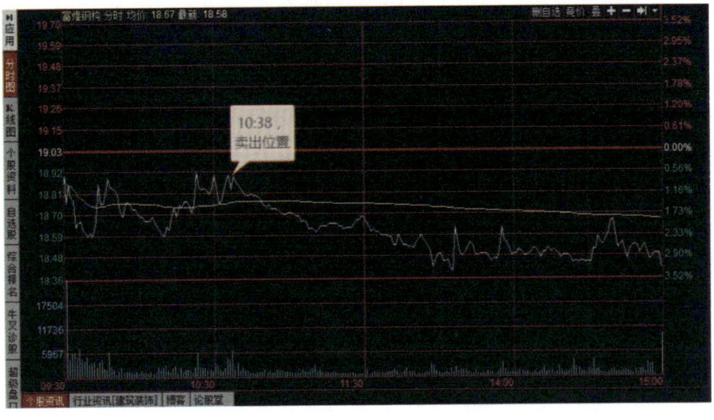

图 1.4.7　富煌钢构卖出时机

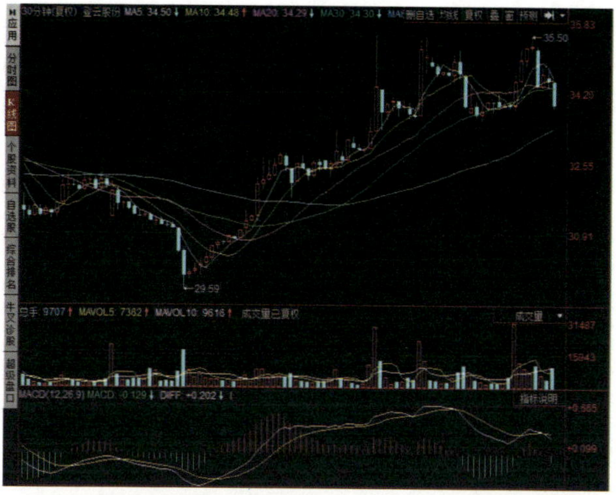

图 1.4.8　登云股份买入时机 30 分钟走势图，9：34，即倒数第 8 根 K 柱位置

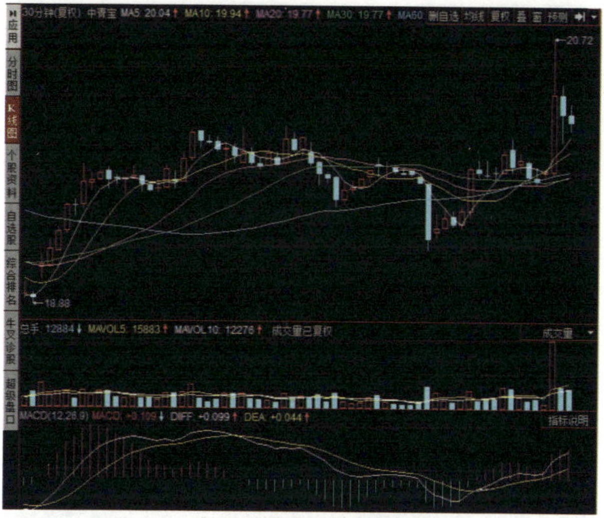

图 1.4.9　中青宝买入时机 30 分钟走势图

2016-10-20　18:48:18

今天的总结，如图 1.4.10 所示，并配以发帖的时间。

2016-10-20　09:14:31

登云不能掉以轻心，做好出的准备，具体时机看今天走势；中青宝安全些，有问题也只是分时线的震荡。

2016-10-20　09:25:55

登云开盘下跌后，会再拉出一点高点，然后再出。

2016-10-20　10:56:05

大盘如此恶劣，我却能断定它的新高，想一下，我的根据是什么？

2016-10-20　11:15:32

登云股份，现在出。

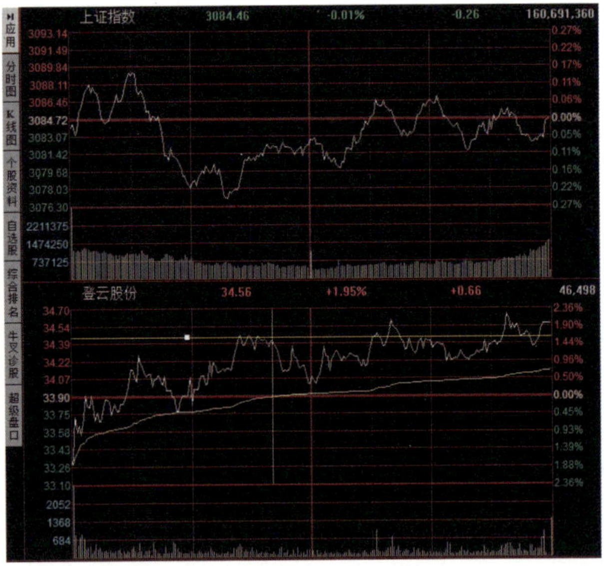

图 1.4.10　登云股份短差做空卖出时机

卖出的发帖显示时间是11:15，因为发帖的审核还要一两分钟时间，实际上卖出的点位就在黄色十字星位置。各位自己查一下电脑，这基本上就是出在今天的高位，也避免了下午有可能的下跌。

对早盘逆势判断，是需要很强的分析经验的。开盘就跌两三点，有多少人因恐慌卖在了底部？

有个细节，从我发帖到读者看到，然后操作，这里有一个时间差，有的读者可能刚好卖在后面低一点的位置，这个问题下次需要注意。

登云股份，不是说卖了就不买了，但是买入有明确的两个前提条件：

第一个：要么上涨超过 35.5 元这个高点之后，再回调，在回调低点买入；

第二个：下跌，直到 30 分钟走势跌势衰竭，在低点底分型后买入。

现在卖了登云后，要做的事就是做空，持币等待可以买入的情况出现，而这种情况是一定会出现的。持币，做空，其后有一点上涨，不满足第一个条件，不追；不满足第二个条件，则不抄底。

2016-10-21　10:50:29

目前还是做空登云股份，不看其他。昨天看跌登云，却要看涨它上午的行情，任务就是高点退出，后面涨也不能买。看跌里面又包含看涨，这并不矛盾，就是个不同走势周期的问题，30 分钟线看跌，1 分钟线看涨。

我现在持币，登云股份大跌，又与我何干？等它跌越多越好，然后就可以买到更便宜的股，也算是赚钱，这就是做空的意义。

股票交易，不是每天勤奋地买买买，正确的交易是由做空和做多两种模式组合的，忘记自己的成本，只追随走势，躲避它下跌，吸取上涨的利润，才能将利益最大化。能做好一只股票，其余的股票交易原理都一样。

2016-10-20　11:09:05

中青宝就简单了，不要理它，多拿几天不动，就什么问题解决了（见图 1.4.11）。

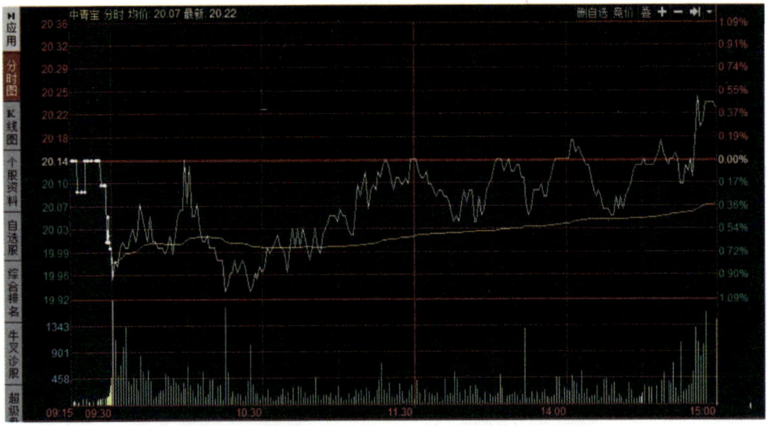

图 1.4.11　中青宝 10 月 20 日分时走势

下面兑现给读者的承诺，讲讲“读心”。

姑且把登云股份的主力资金操盘手称呼为“二哥”，虽然我不认识他，但是要做这只股票，就必须了解他。

通过昨天的交易，我对二哥的印象如下：

这个人的操盘风格非常精致谨慎，从收盘后的结果来看，昨天的目的是要出货，因为上方面临重要阻力，力量积蓄不够，他是不会贸然上拉的，要先把盘洗够了才能再次发力。而且他出货的手段不是暴力型跳水，而是拉高引诱，再悄悄卖出大量筹码。

拉高出货有一个关键，就是不能吓到散户了，要做得很规律，每次 V 形或平台都要做得标准，让散户放松戒备，认为每下跌一次，都会再次上涨。二哥昨天这一点做得很精致，几个规律的平台完成了昨天的任务。

以上等于是二哥的个人资料。

今天（2016 年 10 月 20 日）早上开盘，在集合竞价时段，他就先试了一次盘，试试登云股份里面的多空双方的力度，才能知己知彼。

就是这个试盘，让我看出了他的大体意图，即先往下砸出空间，再拉高折腾，类似于昨天，在竞价时段砸了个大坑，又拉上去，但跟昨天又稍有不同，平台肯定没有昨天那么平了。虽然主力不能左右股市大势，但是在个股分时图上，主力就是霸主，绝不能忽视他的存在，正因为这一点，所以主力敢短时间抗衡大盘，因为他要实现自己的利益。

所以，今天我知道他大概要干什么，这是走势图用自己的语言表达出来的。

网友：做股票判断买卖点是看日线还是 30 分钟线操作的？

回复：不是固定的，要一层一层套着来。比如说做中线，决定要在日线上某一天卖的，这时就用30分钟图，可以更精确到究竟是当天的几点钟。到了那个时间点，比如11点，甚至进一步再用5分钟、1分钟的走势图，逐级逼进，达到极致精确。既然软件自带这个功能，为什么不充分利用呢？买入时机同理。

比如本周的操作，具体买入位置、卖出位置都精确到分钟级别，绝不含含糊糊，而且盈利、亏损都要清楚明白。如果买入错误，及时认错，在小周期高点果断出局，把亏损降到最低。

第5节 股票交易案例之二：乘势借力

表1.5.1 2016年10月份第三周（星期一至星期五）清仓股票交易小结

买入时间	股票	买入价格（元）	操盘风格	当日最高涨幅	卖出时间	卖出价格（元）	持股天数	盈利
10月18日 09:50	中国核建	15.85	一周超短	5.12%	10月24日 10:38	17.59	5	10.90%
10月24日 09:34	姚记扑克	20.00	半周超短	8.64%	10月26日 10:19	21.00	3	5.00%
10月25日 09:34	来伊份	37.60	隔日超短	9.99%	10月26日 09:34	43.59	2	16.00%
10月26日 09:34	崇达股份	53.60	隔日超短	8.53%	10月27日 10:03	56.78	2	5.90%
10月27日 11:28	廊坊发展	28.62	隔日超短	-2.07%	10月28日 13:35	30.20	2	5.60%

2016-10-24　09:10:14

今日好股，伊利股份。

2016-10-24　09:34:23

姚记扑克，今日好股。

2016-10-24　10:32:26

17 日买入的中国核建，到今天刚好 1 周。

（备注：中国核建买入时机见上周：2016-10-18　13:59:45 “中国核建，现在随便在分时走势低位上买入，可以拿 1 周。当前价：15.85 元。”）

2016-10-24　10:38:55

如有买了核建的，现在涨停板出。

网友：您是怎么判断可以拿 1 周中国核建的呢？

回复：对这个问题，许多人都表示好奇，原来股票可以这样做，当时的情况见图 1.5.1。

在网上公开炒股，并且准确到具体股票、买入时间、卖出时间、持股时间，甚至精确到分钟级别，没有强大的自信，这事情是没法干的。

1. 这只股票为什么当时可以买？

因为它会涨——日线下跌走势所对应的 MACD 绿柱面积缩小到极致、在下跌的低位，振幅、成交量同时缩减到极致，横盘时间较久，继续按原来的方向几乎没有什么动力能维持它继续下跌，而且日 K 线已经在两天前选择了方向，就是向上，配合成交

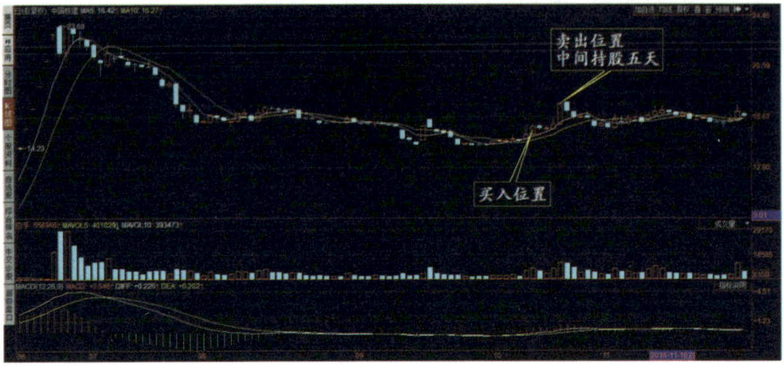

图 1.5.1　中国核建买入、卖出时机日线走势

量所选择的方向，也是向上——所以它会涨。下面是当时的截图（图 1.5.2），虽然分时走势是当天的高位，但是日线上走势刚启动，所以可买。

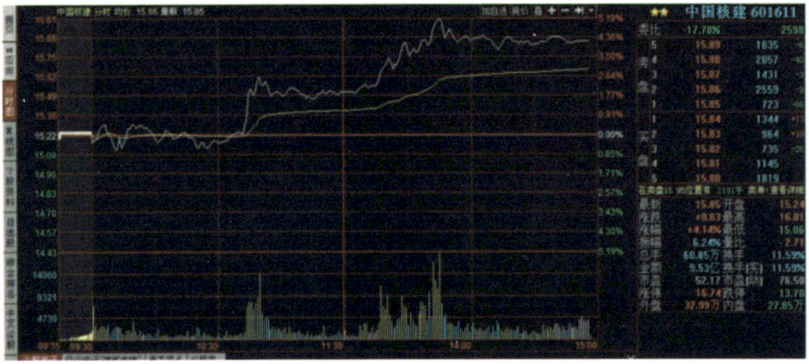

图 1.5.2　中国核建 10 月 18 日分时走势

2. 为什么是持股 1 周？而不是 7 天、8 天或 2 周？也不是 3 天、2 天？

因为它是中国核建，国家重要企业，当时其流通市值约 160 亿元，并处于新股上市见顶后的下跌通道。该股票的这几个内在原因决定了如下几点。

①短期的量价关系决定了它会涨，但不会是超短线的急速拉升，因为它不是被高度控盘的小型庄股，游资也不会鲁莽地选择一个大央企去搞，它的上涨需要内部自然推动，再发展到高峰，所以不是3天、2天。

②它是中国核建，概念不时尚（在当时环境下，市场热点主要集中在中小板、创业板之间轮动），流通市值大，且更大周期上处于下跌通道，上涨了之后，必定触发重大抛压，筹码持有者轻易会分裂为多空双方（不上涨可观的幅度，这些抛压是不会集中发作的）。抛压集中发作之后，一盘散沙，除非有人再次把看空的筹码买完，并持续拉升，才能扳回跌势——显然，这样的大盘股，又不是市场明星，集结如此多资金的可能性是很渺茫的，所以它的涨势不会持续7天、8天或2周等更长时间。

③综上，中国核建当时下面有个短期难以跌下去的底部，上面有个显而易见的多空分裂的顶部，剩下中间可持股待涨的时间，大约就是1周。

判断的具体过程，写出来有好多字，但在当时就是看一眼的工夫，就两三秒的事，这都是平时积累的经验得出的自然结论。

网友：今天您推荐的两只股票都飞涨了！怎么找这种马上要发飙的个股呢？

回复：本交易体系的核心思想，就是“合力”，表面上它也重视“技术”，但只是通过走势分析去阅读股价走势背后的资金博弈、利益博弈。

上涨的合力聚集在某一只股票上，它当然会涨。要满足这个条件，可以从两个方面去看：一是下跌能量衰竭；二是上涨的资金量聚集，高人气、有利好的预期。

所有的分析图表、数据都是为解决这个问题服务的。本交易体系，不同于一般的书呆子理论，它是立足于“人”的角度去看股价走势，从而得出它的必然性。

网友：您是如何知道早盘姚记扑克分时走势下跌一定会逆转的呢？我已经被类似于今天姚记扑克的早盘分时图洗出去好多次了，哎……

回复：早上跌一点，那只是分时走势上的小把戏。在利益的必然性局限下，主力资金不能不拉，在大的方向和利益驱使下，走势不会因为小的波动而改变。

2016-10-25　10:05:18

姚记扑克分时底部已经出来，今天无大碍，但是昨天没买的今天不要买了。

2016-10-25　10:14:16

来伊份涨停，今天的收益效果图，如图 1. 5. 3。

只有自己学会了分析股票走势的方法，才能在股市抓住机会，随机应变。

在这里提供一条主线就是，本交易体系的核心是“合力”，

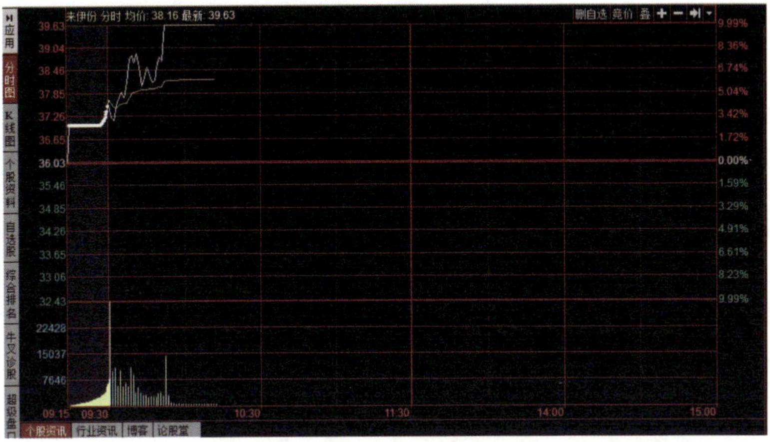

图 1.5.3 来伊份买入后半小时涨停

各种分析工具和技术方法，还包括基本面、新闻等，都是为最终分析、对比多空博弈的“合力”。

在这一前提下，再结合走势的局限、人性的局限、利益的局限、筹码、资金等，凡是能暴露股价走势内在信息的，都可以为我所用，全息思维，不局限于某一种方法。

分析股市，本质上就是分析“人”，分析参与股市交易的人的贪婪和恐惧。

如果斤斤计较于什么线、几阴几阳、头肩底、红三兵之类，或者什么形态、波浪、神奇数字之类，就脱离了股票实际，是舍本逐末了。

2016-10-26 09:34:24

崇达技术，今日好股。

2016-10-26　09:41:35

来伊份，又涨停了。现在涨停板全部出。

2016-10-26　09:50:17

昨天有买来伊份的，全出。

2016-10-26　10:19:18

姚记扑克现在冲高出。

2016-10-26　17:18:58

今天收盘，小结一下，今天清仓出了2只股票——来伊份和姚记扑克（见图1.5.4、图1.5.5），买入1只股票——崇达技术（见图1.5.6）。图1.5.4、图1.5.5中，黄色十字星处即来伊份、姚记扑克出货位置。

从超短线的角度，以上3只股票，基本上买在最低，卖在最高。

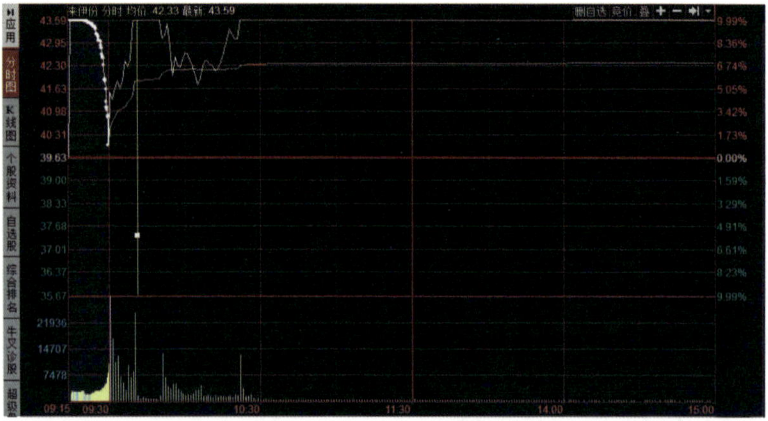

图1.5.4　来伊份连续涨停后卖出

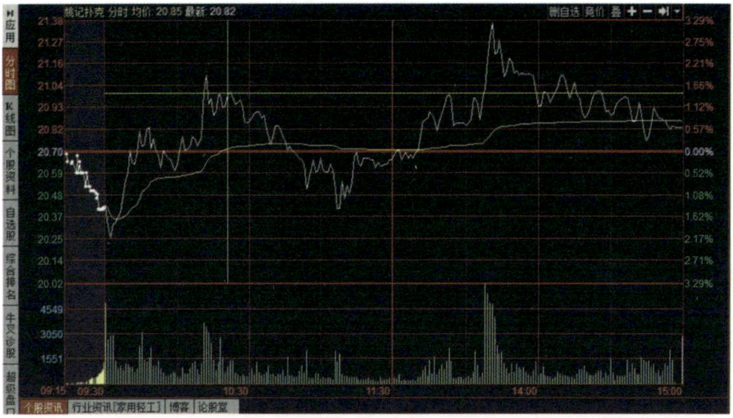

图 1.5.5 姚记扑克临近卖出时机，在当日高点附近卖出

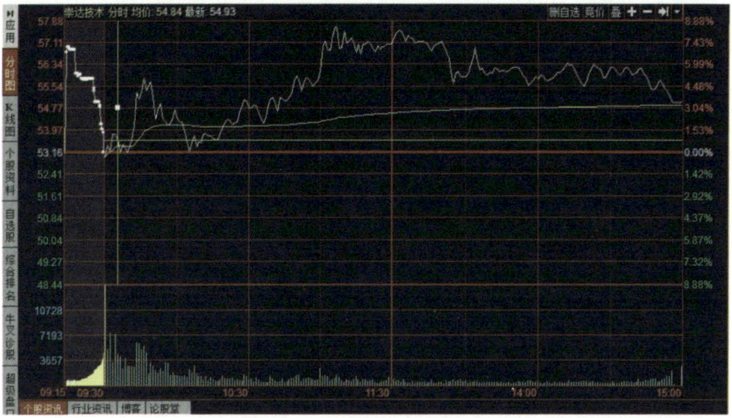

图 1.5.6 崇达技术买入位置

2016-10-27 09:26:00

网友：崇达今天出吗？

回复：等待时机。

2016-10-27 09:39:22

崇达技术，后面有高点。

2016-10-27　09:51:42

可以预报一下，在分钟图上，崇达技术会有回调，回调后还有更高点。

2016-10-27　10:01:16

崇达技术，现在可以全出了！

2016-10-27　10:22:02

崇达技术，即使它后面还要大涨，也不管了，随它去，不能去追。按照自己的节奏来，才可以任意摆布股票，不会被股票摆布。

2016-10-27　11:28:35

廊坊发展，负两点以下，可以买入，高了别追。

网友：我自己买的股票都在亏，要不要“割肉”？我想买入你推荐的。

回复：不能这样搞乱节奏，做好现有的，再做其他的，股市里最不缺的就是机会了。

2016-10-27　16:23:58

今天收盘，小结一下，冲高出了崇达技术，基本上出在了当天的最高点。这就是散户的优势，可秒出！图 1.5.7 中，黄色十字交叉点就是出货位置。

想一下，如果今天崇达技术在拉高时，却认为它是个好股，以为它又要大涨了，于是在高点买入，那会怎么样？把趋势做反，高买、低卖，干这事的人太多了，亏损就是这么来的。比如昨天的姚记扑克，若在昨天买入，后面会怎么样？这些问题，在你买入这只

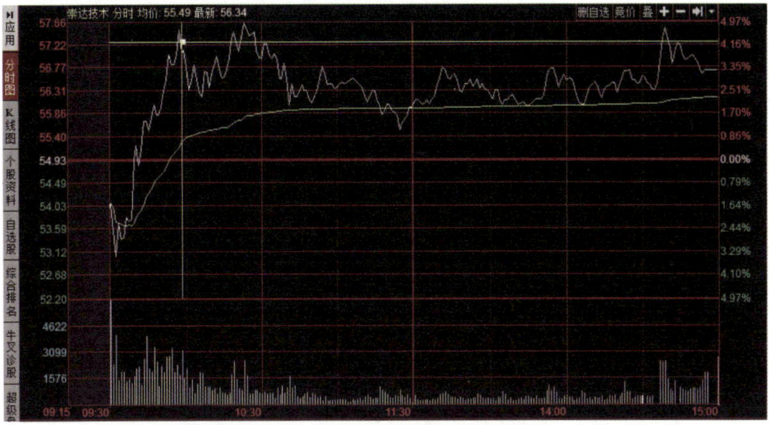

图 1.5.7　崇达技术超短线卖出时机

股票的时候想清楚了，才不会临阵慌张，导致错误的操作。

今天出货的这一步，我昨天在买入的时候就已计划清楚，所以告诫自己不要追高买，要留出足够的反应空间。

波动，隐藏着市场风险，也是盈利的天堂，借助市场波动，在向上波动的高点卖出即可。

2016-10-28　09:32:05

廊坊发展，今天准备卖。

2016-10-28　09:36:00

等恒大概念转折，现在最低位，只是暂时恐慌。

2016-10-28　10:02:49

廊坊发展，等它稳下来。

2016-10-28　11:05:59

廊坊发展目前这个位置，随它折腾，继续坐等。

2016-10-28　11:58:32

预告一下，下午廊坊发展会上拉一定的幅度，如果在零位下来，那也没什么，它下次还是要向上，高点不出来，我们就不出来。

2016-10-28　13:16:14

坐看廊坊发展拉高，下午还有100分钟。

2016-10-28　13:35:03

廊坊发展现在冲高全出!

2016-10-28　14:13:11

廊坊发展现在下来了。在短线走势的急剧震荡中，须瞬间出手，其间买入与卖出的时机，差之毫厘，谬以千里。

2016-10-28　15:43:47

今天廊坊发展基本上冲高出在最高点，图1.5.8中，黄色十字星位置就是开始出货位置。

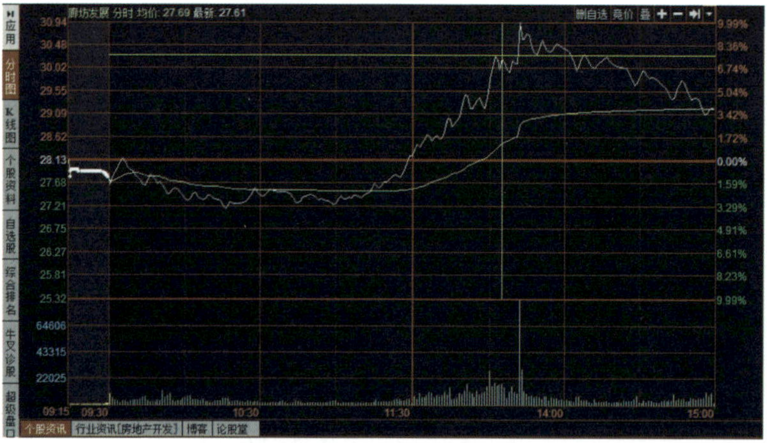

图1.5.8　廊坊发展卖出时机

第6节 股票交易案例之三：出奇制胜

从表 1.6.1 可知，炒股的一切能力与困难，只归结为买入时机、卖出时机这两个问题。

表 1.6.1 2016 年 12 月份公开操作股票交易小结（买入、卖出时机精准到分钟）

提供买点时间	股票	买入价格（元）	操盘风格	当日最高涨幅	卖出时间	卖出价格（元）	持股天数	盈利
12 月 13 日 09:58	东方中科	45.81	出奇制胜	地天板	12 月 14 日 09:34	56.25	2	22.79%
10 月 14 日 09:34	武昌鱼	17.10	强势股底分型	8.26%	12 月 15 日盈利 8 点以上自己把握卖出时机	19.44	2	13.68%
12 月 15 日 5 点以下，自己把握	金冠电气	45.19	隔日超短	8.75%	12 月 16 日 10:17	44.11	2	-2.39%
12 月 15 日 09:02	徐家汇	16.30	追逐热点	9.99%	12 月 16 日自己把握卖出时机	18.78	2	15.20%
12 月 15 日 09:02	益民集团	7.23	追逐热点	6.36%	12 月 16 日 09:48	7.83	2	8.30%

2016-12-13 09:54:54

昨天开板的东方中科，今天可以换股到这只股票。

2016-12-13　10:06:31

持有通用股份的，可换股到东方中科。

2016-12-13　13:21:05

网友：东方中科涨停，当天盈利 18 个点！在大盘大跌的情况下，还能精准抓住牛股，如同万军之中直取上将首级。求教一个问题，为什么在这么多次新股中选中了东方中科？

回复：（1）它是自选股，观察几天了，流通市值小，刚开板，股票名字时尚，别笑话，A 股反正认同这个。本条理由不重要，重要的是下一条。

（2）用排序工具辅助（见图 1.6.1），找出两市 2800 只股票里最牛的，这就是早上说的办法。免费软件上都有，它不仅仅是一个指标这么简单，还要看出些背后的东西。比如 DDE 指标就可

涨幅排名　DDE排名　资金流向　主力增仓　财务数据

首页　应用　分时图　K线图　个股资料　自选股　综合排名　更多

DDE资金动向

	代码	名称	主力净量	散户数量	主力金额	涨幅%	现价	涨速%	量比	换手
1	601882	海天精工	3.52	-27.46	+4735万	+9.99	25.76	+0.00	44.13	4.58
2	002816	和科达	2.02	-863.63	+3037万	+4.31	61.53	+0.03	2.29	10.21
3	002819	东方中科	1.27	1800.51	+1576万	-6.11	46.85	-0.32	9.13	23.27
4	000011	深物业A	1.01	-184.20	+3182万	+0.05	18.50	-1.54	7.28	10.04
5	600072	钢构工程	0.54	-108.92	+4444万	+7.27	17.71	-1.12	3.29	3.32
6	300371	汇中股份	0.52	-318.98	+718.1万	-0.75	38.31	-0.13	1.28	2.49
7	600275	武昌鱼	0.44	-81.62	+3695万	+5.09	16.31	-0.97	1.77	3.59
8	002041	登海种业	0.39	-113.16	+6230万	+9.36	18.82	-0.42	20.22	1.91
9	000510	金路集团	0.37	-94.77	+2362万	-5.47	11.24	-1.23	2.37	4.58
10	600777	新潮能源	0.35	-26.63	+1003万	+9.98	4.52	+0.00	6.65	8.68
11	300505	川金诺	0.34	-108.71	+650.0万	-0.88	84.21	-0.57	1.38	6.02
12	300478	杭州高新	0.32	-231.92	+401.4万	+0.07	54.80	-0.36	1.09	1.43
13	300525	博思软件	0.32	-216.33	+427.1万	+2.13	85.65	+0.08	2.55	2.35
14	300248	新开普	0.30	-159.19	+1468万	+2.96	26.05	+0.12	4.09	3.19
15	000511	*ST烯碳	0.30	-31.71	+1962万	+3.39	5.80	-0.86	3.98	3.69
16	600658	电子城	0.30	1149.30	+2613万	+4.23	15.27	-0.13	12.85	3.53
17	600992	贵绳股份	0.30	-25.59	+1304万	+2.01	18.27	-0.44	1.93	2.73
18	000930	中粮生化	0.28	-59.90	+3531万	+4.76	12.54	+0.32	7.62	6.66

图 1.6.1　早盘东方中科主力净量与股价状态的背离

找出股市资金洪流在个股方面的动向，再结合个股 K 线走势综合分析。

排序工具的数据都是动态的，图 1.6.1 是早上特地截下来的，图 1.6.2 是下午涨停后的。

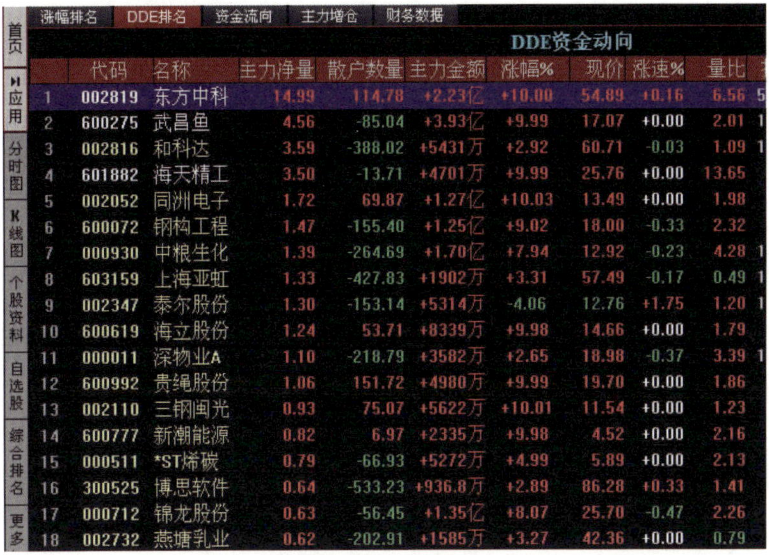

涨幅排名 DDE排名 资金流向 主力增仓 财务数据

DDE资金动向

	代码	名称	主力净量	散户数量	主力金额	涨幅%	现价	涨速%	量比
1	002819	东方中科	14.99	114.78	+2.23亿	+10.00	54.89	+0.16	6.56
2	600275	武昌鱼	4.56	-85.04	+3.93亿	+9.99	17.07	+0.00	2.01
3	002816	和科达	3.59	-388.02	+5431万	+2.92	60.71	-0.03	1.09
4	601882	海天精工	3.50	-13.71	+4701万	+9.99	25.76	+0.00	13.65
5	002052	同洲电子	1.72	69.87	+1.27亿	+10.03	13.49	+0.00	1.98
6	600072	钢构工程	1.47	-155.40	+1.25亿	+9.02	18.00	-0.33	2.32
7	000930	中粮生化	1.39	-264.69	+1.70亿	+7.94	12.92	-0.23	4.28
8	603159	上海亚虹	1.33	-427.83	+1902万	+3.31	57.49	-0.17	0.49
9	002347	泰尔股份	1.30	-153.14	+5314万	-4.06	12.76	+1.75	1.20
10	600619	海立股份	1.24	53.71	+8339万	+9.98	14.66	+0.00	1.79
11	000011	深物业A	1.10	-218.79	+3582万	+2.65	18.98	-0.37	3.39
12	600992	贵绳股份	1.06	151.72	+4980万	+9.99	19.70	+0.00	1.86
13	002110	三钢闽光	0.93	75.07	+5622万	+10.01	11.54	+0.00	1.23
14	600777	新潮能源	0.82	6.97	+2335万	+9.98	4.52	+0.00	2.16
15	000511	*ST烯碳	0.79	-66.93	+5272万	+4.99	5.89	+0.00	2.13
16	300525	博思软件	0.64	-533.23	+936.8万	+2.89	86.28	+0.33	1.41
17	000712	锦龙股份	0.63	-56.45	+1.35亿	+8.07	25.70	-0.47	2.26
18	002732	燕塘乳业	0.62	-202.91	+1585万	+3.27	42.36	+0.00	0.79

图 1.6.2 东方中科主力净量与涨幅高度关联，最终实现平衡

这段时间大盘次新股都不给力，但无论行情多么不尽如人意，无论账户盈亏数字是多少，内心的波动不能被盈亏牵制，而是要永远高于股市波动，在冷静中等待时机，一击成功，反败为胜。

就像两军作战，处于下风的一方如果固守传统战法，继续阵地战、肉搏战、坦克战，那会没完没了，旷日持久；正确的做法是派出最精锐的特种部队，千里奇袭，斩下敌军最高统帅的头颀，威震敌胆，一战即扭转战局。

关键是，在平时就要拥有一支战力超群的特种部队，不然，需要用时哪里来得及训练？东方中科的实战效果，如图 1.6.3 所示。

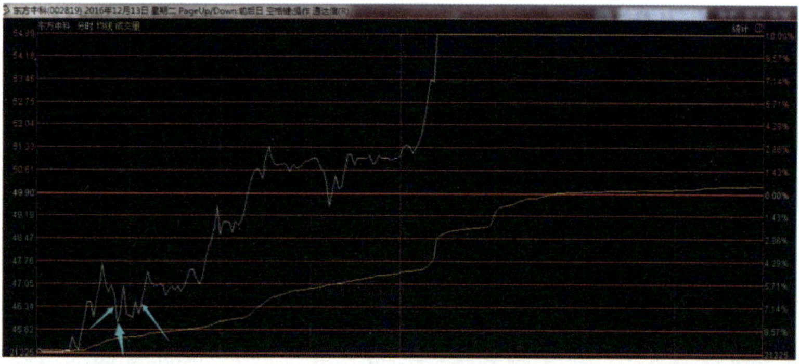

图 1.6.3　东方中科 2016 年 12 月 13 日分时走势，图中箭头处即买入时机

2016-12-14　09:28:32

给各位提供一只股票，武昌鱼，买点、卖点自己观察、把握，看看你们操作的怎么样？

2016-12-14　09:32:35

东方中科，全部卖出！早盘放大量震荡得厉害，多空双方发生巨大分歧，后面走势方向不能确定。

2016-12-15　08:52:31

今天发个金冠电气，买入、卖出时机同昨天一样，自己搞定。

2016-12-15　08:59:09

提供一个思路，今天的热点很可能集中在上海国资委改革概念股上，所以强势股首先在这个板块里，再进一步找出这个板块里资金集中、走势图强势、流通市值小的股票，就差不多了。

徐家汇、益民集团，属于这样的股，如果有合适的买入时机，就买；如果没有，就空仓观看。股票交易，主要在于成功率，而不是频率。

超短线，所谓的买点，一个是“势”，一个是“安全”，二者必居其一，或者二者兼有。自己把握具体的买入、卖出时机。

2016-12-15　09:44:05

目前武昌鱼正在上涨，可以再等高点。

2016-12-16　09:47:51

益民集团，卖出时机就是现在。

2016-12-16　10:17:47

金冠电气，在这次5分钟高点要出来，不能拖延。金冠电气的卖出，在这几只股票里算是复杂点的。

2016-12-16　11:48:21

发个今天益民集团的卖点（见图1.6.4）。

网友：类似于金冠电气，如果今天从日线上看出要抛，你是如何在小级别寻找卖出时机的？它和之前几个不同的是，没有上冲卖点可以抓。

回复：从该股的巨大利好去对比昨天的走势，当天就显示了该股弱势，今天更是如此。从超短线的角度，抛是必须的，就看它5分钟走势的量。弱势股是没有多少量可供消耗的，消耗掉仅

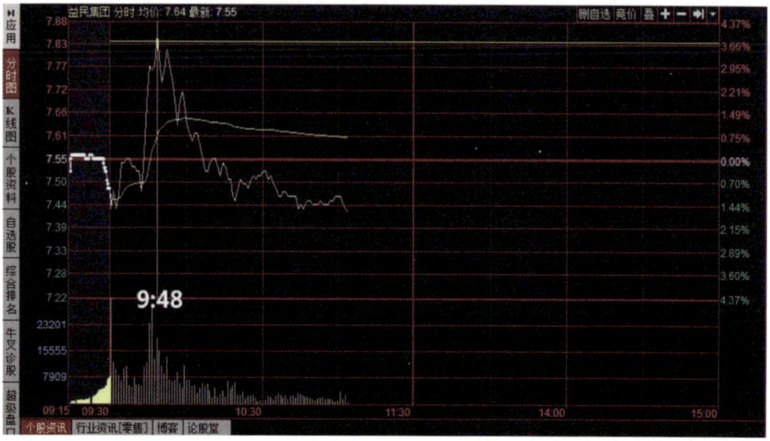

图 1.6.4　益民集团 2016 年 12 月 16 日分时走势，标注十字星位置即卖出时机

有的量能之后，后市更无所依托，如风中枯叶，飘然而下。

超短线，就是乘“势”，势已去，就无力可借，超短线买入的理由就不成立了。

2

Chapter

走势的形态

第 1 节 K 线语言

有一种观点，认为看盘、看走势决定买入或者卖出一只股票，是一种独立的“技术”，或者干脆就称之为“K 线技术”。

笔者认为，停留在“技术”这个层面看待此问题的，一定无法做好股票，甚至学不好他眼中的所谓“技术”。

K 线，是股市里资本的运动留下的轨迹，而资本的轨迹，又是人的思想运动所留下的轨迹，进而可知，从 K 线，到人的思想，存在一一对应的关系。K 线，就是市场参与者股票交易思想的表达。

由此而引申，文字既然有象形文字、字母文字、楔形文字等不同的传统类别，现代又有计算机逻辑语言、条形码、二维码等机器语言，股票交易为什么就不能有“K 线语言”？

所以，完整地表达了股票交易价格高低点变化轨迹的 K 线，应该被当作一门语言，它有其独特的语法特点和固定词汇。刚开始接触它时，可以把它当成外语学习，待能流利地阅读和应用了，就跟平时最熟悉的中文没什么区别了。

在K线语言独有的语法结构里，完整记录股市里资本运动轨迹仅仅只有股价K线是不够的，反映了股票交易供求状态的成交量，也是具有重大参考意义的第一手信息。价格K线是股票所有买入、卖出行为的最终结果，但成交量直接记录了股民买入、卖出的过程中参与的资金与筹码数量——正是这个买、卖数量的供求关系，才导致了股价的上涨下跌。从这一点来说，我们探究K线走势，如果忽视了与走势第一相关的成交量，将会使K线语言的准确度大打折扣。

第一个值得探究的问题是，在成交量与价格的关联中，是量的变化在先，还是价格的变化在先？

量，是人流量，即资金量；价，是供求关系的结果。

中秋节的时候，很多人买月饼，月饼价就高起来了；中秋节一过，没人买了，价就跌下来了。这个可以说明量价关系，一个股持续上涨，是以预期后市量的增加为支撑的，而下跌就是预期后市无足够的量接盘。

商品买卖、股票买卖，都是以后市“量”的预期来定价现在。有人喜欢研究基本面，就是考虑业绩好看的股票后市接盘的多；技术派，就是考虑好看的走势、指标后面跟风买入的多。

价，由预期的量和现在的量决定。预期的东西虽然目前没有以实物的形式存在，但是只要进入了股民的精神空间，就能提前反映到股价上，因为股价只是市场参与者内心世界波动的投射。

综上所述，量在价先；量是实体，价是结果。

量，不是笼统地去看资金或人气，要看走势情况。驱动走势上涨的，是资金；但驱动走势下跌的，是筹码，做空的筹码。这一点很关键，不然在量价关系方面会糊涂。做多的资金驱动走势上涨，此类资金量衰竭，上涨不可持续；做空的筹码驱动下跌，此类筹码量衰竭，下跌不可持续。——即上涨时的红色成交量柱与下跌时的绿色成交量柱，所代表的具体含义有所不同，不能笼统地混为一谈，这方面知识在后文会逐渐清晰。

打开一个走势图，从宏观上，能看到的是一个个走势类型的连接，放大看，就是一根根 K 线的连接。这些 K 线本身，以及其连接，体现出多空双方较量留下的痕迹。每根 K 线都能读出它的力度或者犹豫，而多根 K 线的连接，结合成交量，能读出每一段的兴起和衰落。段与段之间，能明显体会到力度的不同，一方回调力度小，从而形成中继；或者多空平衡，形成盘整；又或者一方明显强势，突破盘整形成单边走势。整个走势图，就是在多空双方力量的较量下，以折线结构的形式发展。

在任何情况下，只有 K 线走势与成交量才是最核心的参考依据，其他的都是辅助阅读 K 线的，而且在不同的 K 线位置，用哪个辅助指标可以有所取舍。

K 线走势本身，其长度、形状、速率、斜率、堆积、转折等直观形态，已经反映了所有信息，所谓走势的某技术指标，只不过是把 K 线走势形态已经表达的东西，自定义一个权重，用函数公式量化，再独立出来用另外一个曲线图表示。

如何证明一切指标都是 K 线的附属？当 K 线走势出来的时候，成百上千的指标都跟着同步显示出来了；只要 K 线走势一旦停止，任何其他指标都无法走出下一步。而反过来，其他任何指标都停止了，K 线走势却不会受到丝毫影响，继续前进。

K 线走势相当于一篇用文字写就的关于股票的故事，其他指标就像这字里行间的拼音和注释。对于初学者，当然要看拼音和注释，待熟练了，直接阅读文字就可以了——打开股票投机世界波谲云诡的大门，就从 K 线语言这里开始，事实上，对于绝大多数没有特权和资源优势的股民来说，附带了成交量柱的 K 线语言，是最可信赖的第一手信息来源。

第 2 节　K 线排列的四种分型

如图 2. 2. 1 所示，3 根 K 线可以且只可以构成股市走势的 4 个最基本分型：顶分型、底分型、下跌、上涨。

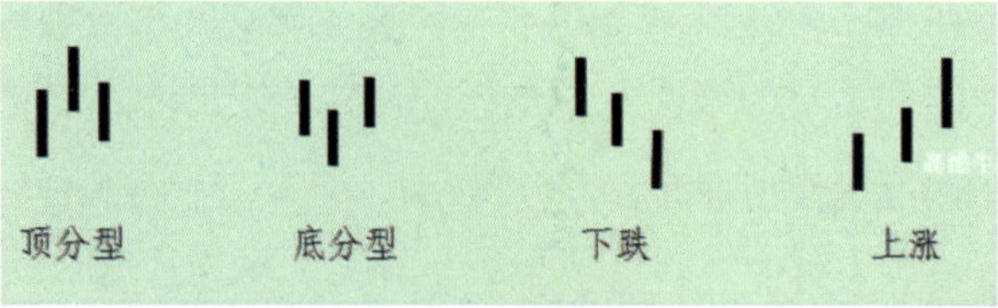

图 2. 2. 1　K 线排列的 4 种分型

按从左至右的顺序，第 1 个为顶分型，第 2 根 K 线高点是相邻 3 根 K 线高点中最高的，其低点也是相邻 3 根 K 线中最高的，定义为顶分型的“顶”（顶分型只侧重于“顶”，即 K 柱最高点，可以忽略该 K 柱的低点）。

第2个为底分型，第2根K线的高点是相邻3根K线高点中最低的，其低点也是相邻3根K线低点中最低的，定义为底分型的“底”（同理，底分型只侧重于“底”，即K柱最低点，可以忽略该K柱的高点）。所谓“逃顶抄底”，就是这个顶、底。

第3个，3根K线的底依次下降，即“下跌”。

第4个，3根K线的顶依次升高，即“上涨”。

以3根K线为基本单位，是因为从逻辑上来说，单独1根或2根K线在走势的任何位置几乎都只有上、下两种排列，不能构成稳定的结构，只有3根K线，经历了最终方向的确认，才能构成一个基本的稳定单位。同理，后面要进一步推导的走势合力，也是以“3”这个奇数组合为合力方向的基本稳定单位的。

顶分型、底分型、上涨、下跌这4个股市走势中的最基本单位，相当于几何中的原初单位——点，然后，线、面、体等更大的概念都是用“点”的概念推导出来的。同理，股市走势中的任意形态，都是顶分型、底分型、上涨、下跌这4种基本单位的组合。对走势形态的有限划分和定义，将确保可以对错综复杂的股价走势进行清晰、严谨的分类，为最终的机械化交易提供依据。

由3根K线所构成的分型，是股价走势最基本的稳定单位，由此可以得出：

推论2　所有上涨和下跌的结束，都发生在顶底分型之后。

要结束一顶比一顶高的上涨K线排列，有且只有一种情形：至少有1根K线的高点低于前1根K线的高点，即形成一个顶分型。顶分型不一定使上涨结束，因为后面还可以再创新高，但是上涨的结束，一定发生在顶分型之后。

同理，下跌的结束，一定发生在底分型之后。

推论 2 在实际交易中的应用如下。

一个上涨的走势，如果连顶分型都没有出现，唯一正确的操作就是持股，完全没必要猜顶。同理，在一个下跌的走势中，如果连底分型都没有出现，就去抄底，亏了也是活该。

由于顶底分型的基本稳定性大于单根 K 线，能破坏这种稳定性的，也会是同等级别的稳定性结构，而不会是单根 K 线。因此可以进一步推论出：**当一个走势的顶底分型出现之后，会大概率导致原有走势的转折，直到新的分型生成。**

下面以一个走势图（见图 2. 2. 2）来说明本节内容在实际中的运用。

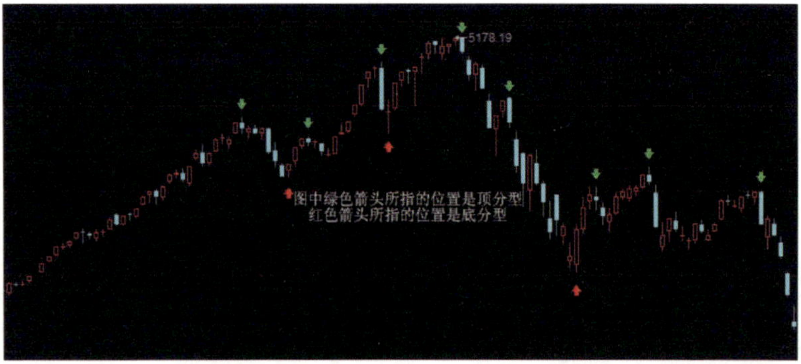

图 2. 2. 2　K 线走势中的顶分型、底分型（向下的箭头位置为顶分型，向上的箭头位置是底分型）

第3节 K线分型再论

由于K线走势的分型在本交易体系中有极其重要的作用，甚至仅凭对走势分型的高超把握，就可以做好股票，所以有必要从另一个视角再次讨论相同的问题，以夯实交易体系的基础。在价格K线分型之外，这里进一步阐述成交量柱的顶分型、底分型、上升、下降。其定义与股价K线4种分型的定义相同，这里不再重复。

仅仅是成交量的上升、下降、顶底分型，影响不了资金账户的盈亏，但成交量作为与股价K线波动高度关联的因素，把它与K线走势联立分析，可以极大地提高K线走势研判结果的可靠性、预见性。

一般情况下，在K线走势形成底分型的同时，如果成交量也形成底分型，这种相对底部的稳定性要大于单纯的K线走势底分型。如图2.3.1所示，可看到成交量与K线走势的双重底分型形成过程。

另一方面，在K线走势顶分型的形成过程中，成交量顶分型的形成几乎是与此同步的——但正如前文所说，“量在价先”，某走势周期上，成交量达到偏离平均量柱高度的极大值，具备了构成顶分型的前提要素，K线走势也将极大概率形成顶分型。无论是周线、日线，还是30分钟、5分钟周期的K线走势里，成交量

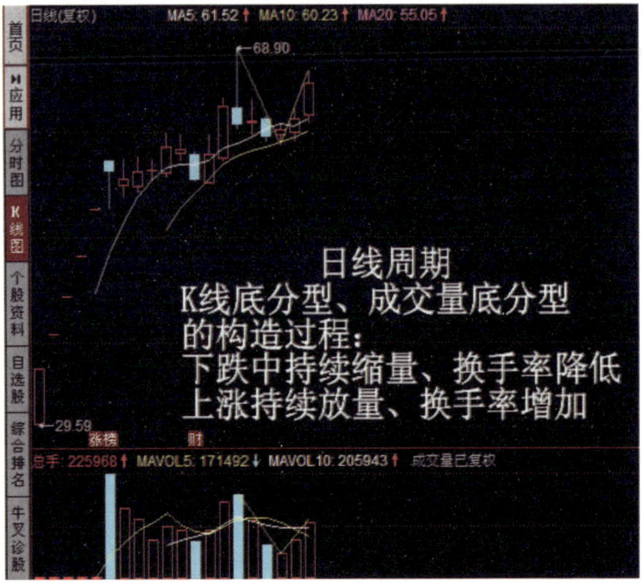

图 2.3.1　成交量与 K 线走势在日线上同时构成底分型

的顶分型与 K 线走势顶分型的高度关联性和反应的灵敏度，在众多的参考依据中，绝对是第一位的。因此，在下文关于界定股票买点、卖点的精准时机方面，会进一步阐述成交量与周期联立的综合应用。

以某股票 30 分钟走势图为例，如图 2.3.2 所示，成交量每一个顶分型形成的同时，分别对应着 K 线走势的顶分型。

在这一过程中，K 线语言的具体含义是：当购买股票的资金量达到近期的极大值，股价也被推高到近期一个新的高度，另一方面，也意味着短期内愿意继续购买此股票的资金存量很少了；与之同时，大量的资金换成了股票，这些股票每一股都附带了持股人抛出的意志，积聚成做空的能量，从成交量的角度去看，后

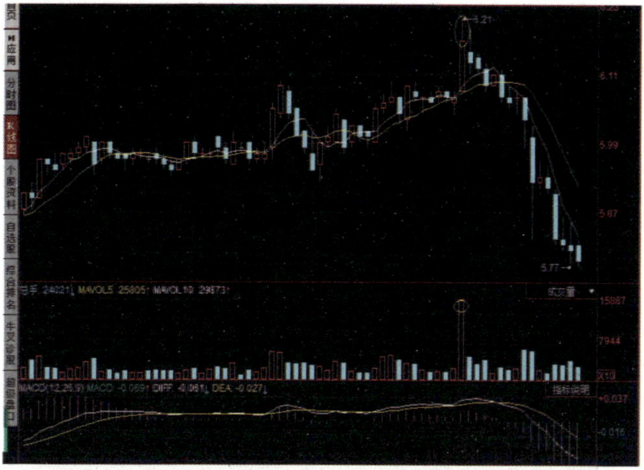

图 2.3.2　成交量与 K 线走势在 30 分钟走势上同时构成顶分型

续参与购买股票的资金明显减少，印证了空头的预期，持股股民手中的筹码倾泻而出，在做空筹码量的驱动下，股价下跌，顶分型构成。

如图 2.3.3 所示，以一个实际的走势为例，由成交量、K 线两者几乎同步的双重顶底分型构成的折线结构，是 K 线走势的基

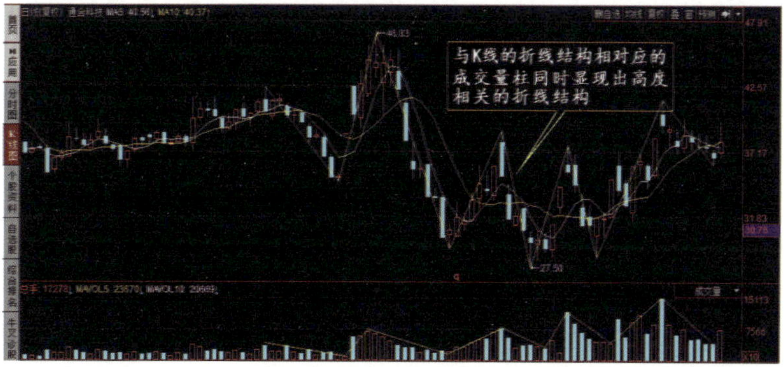

图 2.3.3　成交量与 K 线走势，显示出高度关联的同步折线结构

本结构——当然，这个图例是以该现象在实际走势中普遍存在、高度相关为前提的，如果仅仅是一个孤例，就没有归纳为理论的价值了。

之所以用成交量走势辅助看股价走势，有以下几个方面的实际意义。

（1）成交量没有经过任何公式换算，是完全可靠的第一手信息，且与价的变化直接挂钩，并绝对关联。

（2）股价走势的高低跨度较大，几乎上不封顶，下无铁底，单凭股价走势，基本上无法确定何处是高、何处是低，只有相对模糊的高、低。但是成交量的可变化幅度就很有限，"天量"与"地量"一目了然，上有"天量"封顶（极大概率），下有"地量"支撑，以成交量容易确定的顶、底，结合股价走势难以确定的顶、底，联立判断，可以极大提高在走势的折线运动中捕捉顶、底的成功率。单凭K线，准确率做到60%也难，但是结合成交量，联立分析，准确率做到80%都容易。

成交量是股价变化的内在动力，其高低变化几乎等同于股价的高低变化，其中的对应关系虽然没有直接写在走势图上，但只要有一定的经验、知识就能阅读明白。尤其是应用在30分钟、5分钟周期的K线走势上，去判断精准买点、卖点，具有无可替代的显著作用。重视量的分析，就相当于抓住了股价变化的牛鼻子，把经常大幅运动的股价折线限制在了一个只能小幅运动的成交量坐标上。

当顶、底分型的概念确立之后，在具体的实践应用中，最容易犯的错误就是到处去找底分型，然后买入，期望买入后大涨。为了避免在学习的过程中经历这种曲折，在此明确一个重点：各种分型，不能离开走势孤立地去看，顶底分型是走势的零件，隶属于走势的一部分，原有的走势、趋势制约着分型后上涨、下跌的幅度，在各个周期上，如果去走势底部区域找顶分型，去上涨衰竭的顶部区域找底分型，犯错的概率是很大的。

原走势大致的低位区域，只有底分型，或者说侧重于底分型，不要在这儿找顶；

原走势大致的顶部区域，只有顶分型，或者说侧重于顶分型，不要在这儿找底。

第 4 节 两个不同分型之间的连接——段

如图 2.4.1 所示，两个相邻的顶分型与底分型，并且顶和底之间有 1 根或 1 根以上单独的 K 线，这样两个顶、底之间的走势连接，就构成一“段”。从构成段的 K 线走向看，分为向上段或向下段。

图 2.4.1 凌乱的走势，都可以清晰地简化为段的连接

段，因为具有方向性，所以是一个向量。它所表达的方向，就是这一段走势，经历了各个方向分力的充分斗争之后，最终合力的方向。段就是一个简单的走势。可以这样理解，所有复杂的走势，都是若干段的组合。

由此可以得出：

推论3　一切复杂的市场走势，都可以分解为段的连接。

由推论3，可以进一步知道，股市里的一切获利，都来自向上的一段走势。同理，一切的亏损，都源自下跌的一段走势。但无论是上涨还是下跌，均以顶、底分型作为走势的转折，回避从顶分型转折而来的下跌走势，参与由底分型转折而来的上涨走势，就是盈利与亏损两种不同结果的分界——股民无法确定走势绝对的顶部、底部，但必须探究K线走势相对的顶、底，为下一步更精确的买入、卖出时机提供大致的前提，才能截取上涨的一段走势的利润。

由K线走势图表的二维性质，可以得出，段的实际走势，会有两个绝不可能出现的情况：一是在时间上，其方向不可能逆时间方向向左发展。股票交易成交后不能反悔或从头再来，决定了这一点。二是在空间上，段不可能无限延长。无限延长，就意味着股价可以上升至无穷大或者下跌至无穷小。这种事情在金融史上还从来没有发生过，众多的市场参与者无法在多空的方向上保持永远一致，有限的资金总量与流通的筹码总量绝对无法维持无限延伸的单边行情，政治家们也不会允许此类疯狂的事情发生。

如果要从逻辑上证明这个问题，其证明如下：如果一只股票市值能上涨至无穷大，最终会大于整只股票交易市场所有股票市值的总和，而这个结论与该股票市值属于总市值的一部分相矛盾，所以股价可以上涨至无穷大是不成立的。

现实中的情况是，在众所周知某个方向的走势无法长久维持的公理下，几乎全部的市场参与者都在现有的走势上参差不齐地附加了个人的提前量，“提前”逃顶，“提前”抄底，进一步缩短了走势某一“段”延续的时间、幅度。

综上所述，段既然不可能无限延长，就一定要结束。又因为段是构成股票走势的最基本单位，段在原方向的结束，导致走势也不可能沿原方向无限延长。由此可以得出：

推论 4　任何一段走势，都不可能沿原方向无限延长，该走势结束后，必定发生转折。

推论 4 在实际交易中的意义十分重大，所有追高被套的股民，就是自认为或者被忽悠后认为该股上涨的走势可以无限延长，可是发生了转折，曾经人气爆屏的强势股最终一泻千里。相反，一些恐惧的股民不顾一切地抛掉手中大跌后的廉价筹码，就是认为或者被吓唬后认为该股下跌的走势可以无限延长，可是发生了转折，昔日人人避之不及的垃圾股急剧反转。大周期交易如此，小周期交易亦同理，即使在 1 分钟周期上也无须追高买入，它的后面必定会大概率有一个更安全的机会。下跌走势里的交易与此同理，反过来就是。

下面通过图 2. 4. 2 来分析一下如何正确划分“段”。

如图 2. 4. 2 中 A 处，顶、底分型之间没有独立的 K 线，共用

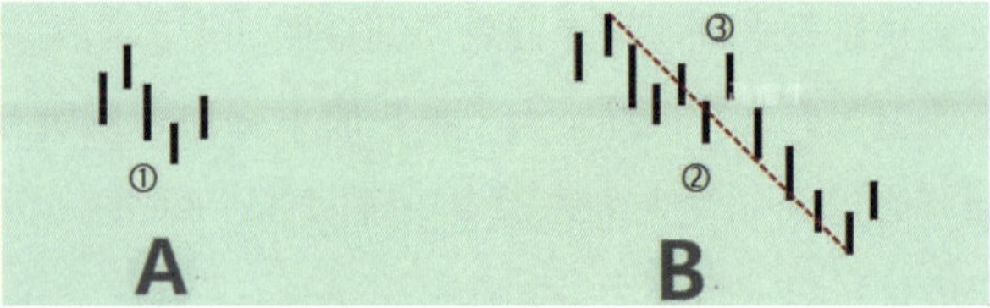

图 2.4.2 “段”的正确划分

了 K 线①，不能构成一段。

如图 2.4.2 中 B 处，在向下的一段中，有两个顶，最高的顶和顶③，有两个底，最低的底和底②。如果连接最高的顶和②，最低的底和③，则会出现两个方向相同、走势相连的两段，而这两段之间，即②和③之间，不存在可以连接的一段，所以，在图 B 的向下走势中，如果有几个顶分型，只算最高的那个顶，如果有几个底分型，只保留最低的底，剩下的顶、底之间的连接，就是唯一可以划分出来的“段”。向上的走势以此类推。

下面以走势图例来说明本节的主要内容（见图 2.4.3）。

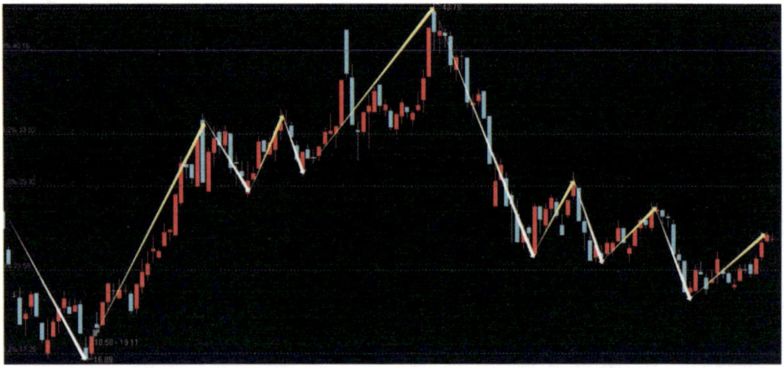

图 2.4.3 段的形成和转折

第 5 节 合力主导走势方向

从上节段的形成和划分可知，市场波动在每一个被观测的瞬间，各种方向的分力交织在一起，表现出难以捉摸的无序性，但是在某一段时期，最终会有一个分力战胜其他分力，从而主导走势的方向，我们把这个最终决定了走势方向的、同时也体现了其他分力的股价走势直接驱动力称之为“合力”。——合力的方向决定了股价走势方向。

段的意义，就在于它给看似无序的市场波动赋予了方向。段就是走势方向的最小单位。段的另一个意义，是给后面分析更长时间跨度、更复杂周期下的走势提供了一把钥匙，沿着这个法则一路分析下去，进而可以在看似杂乱无序的段的波动中构造出更高级别的合力系统。

由此可以得出：

股价走势定律 1：股价走势的方向由全体市场参与者的最终合力决定。

股价走势定律 1 对于股价走势分析的意义是绝对性的，股价的走势只有通过分析合力方向才能得到。走势，只是市场参与者合力的结果，而且定律中的用词“最终”表述出了这个合力并非单纯独有，而是各个分力充分较量的结果。每个分力都会在一定程度上影响走势，甚至在某个次级别周期上短时间内发挥主导作用。

例如，在一轮牛市综合指数从 2000 点上涨到 5000 点的过程中，其间有一次下跌回调，为时 3 个星期，还有一次窄幅盘整，为时 4 个星期。在这一过程中，总体上起主导作用的是方向向上的合力，但是方向向下的分力和多空双方在某时段暂时势均力敌的状态也影响了综合指数的走势，而且在下跌的那 3 个星期里，主导指数方向的是向下的分力。

股价走势定律 2：股价走势的方向有且只有三个：上涨、下跌、盘整。

股价走势定律 2 由股价走势图表的二维性质决定，因为合力的方向只有向上、向下、平。绝对没有第四个方向。所有的市场走势都由这三种基本形态交织而来。（“平”并非几何意义上的水平，特指无参与意义的盘整或窄幅盘整。“盘整”这个术语是描述市场走势的常规用语，这里先借用一下，后面会单独列为一节讨论）表面上看似错综复杂的走势经过一层层厘清其变化的界限，最终可以针对具体的个股、具体的时间段指出其后面绝对有限的几个变化。这一点在逻辑上是肯定的。

由股价走势定律 2，并结合上文关于走势必定发生转折的推论 4，进而得出：

股价走势定律 3：任何走势在转折后，必定面临着上涨、下跌、盘整三种可能。

在股价走势被顶分型或盘整暂时结束后，市场参与者决定自己的下一步操作，都要对该走势往后的方向做出三选一：延续原走势，还是转折，或是盘整？

每一次都要作出三选一的判断，这是态度问题，至于判断的准确率，就是交易者个人水平的问题了。只要端正态度，每次都在三种全部的可能中去选择，不做死多头或死空头，后面你的准确率会越来越高。

如果可以一选一或者二选一，那股市就太简单了。不过换句话说，股票交易再难，也就只比二选一难了一点点，三选一而已。

推论 5　股市交易盈利定律：股市交易盈利只会发生在排除该走势下跌、盘整两种可能之后。

有人会说，排除了下跌、盘整，不就只剩下上涨这一种可能了吗？直接写成“股市交易的盈利只会发生在该走势上涨中”不就完了吗？还故意绕弯弯。单从语言逻辑的角度来讲，是这个道理，可是我们要表达的是股市交易中最重要的盈利定律，当然没有这么简单，还要考虑到所要描述对象的实际环境。

前文总论中的定律 2 说过，市场波动本质上是市场参与者内心世界的波动，你在市场中所看到的一切，只不过是你的内心世界在市场的投射。在这种人类潜意识高度敏感的利益博弈环境下，如果直接写成“上涨就能产生盈利”，就会再度强化市场参与者的固定思维模式。因为每一个市场参与者来到这个市场，都无一例外抱着盈利的目的，“盈利”就是他可以承受一切风险、付出高昂成本的精神寄托，同理，最不希望看到的就是“亏损”了。在这种高强度、长时间特殊环境影响下，潜意识会逐渐形成自动过滤机制，滤掉自己不喜欢看到的结果，强化自己希望看到的结果。

由此导致的后果，就是造就了大批忠诚的“傻多”和“傻空”，其潜意识永远无条件、一厢情愿地看涨或看跌，完全无视股价走势有上涨、下跌、盘整三种可能的事实。这类交易者看到的市场其实就是他们自己对于市场的幻觉，完全脱离实际。这种毛病造成的后果就是在交易中节奏全乱，经常被层出不穷的“意外”走势搞得不知所措。

顺带说一下，“傻空”是“傻多”的副产品，做“傻多”经常犯错亏钱之后，谈股色变，对自己的交易水平极度自卑，对市场的未来极度悲观，长此以往，其潜意识就把当年的“傻多”扭曲成了现在的“傻空”。

综上所述，对市场走势正确的分析，是建立在对该走势上涨、下跌、盘整三种可能的全面分析基础上的。市场走势由全体参与者的合力决定，不会因你个人的喜好而改变，所以推论 5 和上文股价走势定律 3 立场一致，任何时候对股价走势的分析不能一厢情愿地排除掉三种可能走势中的一种或两种。基于一厢情愿的“傻多”和“傻空”分析，那不是分析，几乎等于自残。

所以，推论 5 才是股市交易盈利定律的最精准表达，把大量潜在的“傻多”和“傻空”消灭在无形之中。

忽略掉靠股市做空盈利的股指期货交易者，绝大多数股民只能在股价上涨中获利，这一点也是股票交易的一个局限。这个局限对于大资金、小资金一律平等，同时也限制了股价走势的复杂程度，即使是慧黠的大资金，所有的洗筹、打压、骗线、陷阱等程序，最终都是万变不离其宗——为了最少成本地拉升股价，出其不意地抛出筹码。而股价走势必定会转折，这个局限又导致了股价不可能一直被拉升，在实际交易中各参与者还会考虑进去一个提前量，股价转折因此如期而至，一轮走势到此完成。

以上举例说明股价走势在各种限制条件下运行的变化域十分有限，这给我们研判股票交易的精确买入、卖出时机打开了方便之门，能找出的限制条件越多，其变化域越少，距离正确的结论就越近。

本系统的逻辑推演过程，就是寻找出更多针对当时股价走势的限制条件，就像代数里面的求解多元高次方程一样，把系列方程组联立起来，就可以通过运算得出方程组未知数的精确解或解集。这种办法将在后面的不同周期走势的联立分析中显示出巨大的逻辑威力。

第 6 节 走势的形成及趋势

第 4 节分析了合力的最小构成单位——段，在本节会遇到一个绕不过的概念——合力。合力是构成本系统“大厦”的重要支柱，所以单列一节初步阐述一下有关合力的一些基本属性，为后面对股价走势的深入探讨做个铺垫。

本节再返回到“段”这个概念上，根据段的定义，任何走势都可以唯一地划分为段与段的连接。由前文段的走势局限可知，任何一段比如上涨的一段在原方向的延续，一定会结束并发生转折，转折之后，会走出新的向下的一段。同理，可知向下的一段也不可能一直延续下去——转折之后的走势会再次转折，并以这种形态一直循环下去。

在实际走势中，由于段在任一方向都必定会转折，而且不可能出现转折后永远向上或向下，所以走势会体现出它的又一个特征——中继。如图 2.6.1 中标注的 1、2、3 处，在已经完成的走势中，出现重叠的三段走势，其重叠区间就是走势中继。图中每两条虚线之间的区间，都是中继。

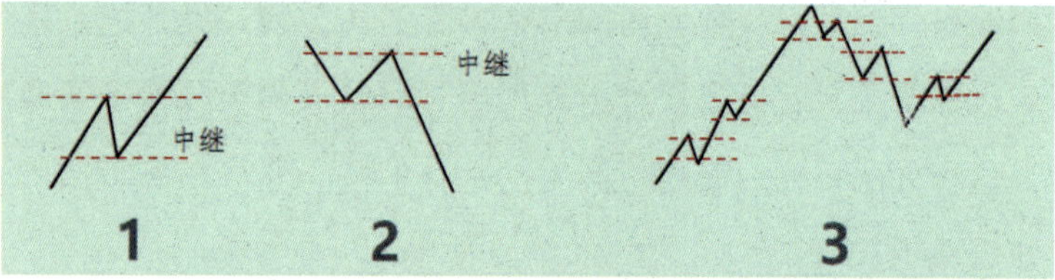

图 2.6.1　走势的中继、趋势

我们把带有一个或一个以上中继的两段走势的连接，称为一个“走势”的完成。如图 2.6.1 的 3 处，在已经完成的上涨和下跌走势中，都有两个中继。我们把这种包含两个及两个以上、方向相同而不重叠的中继的走势称为“趋势”，图中 3 处就是一个上涨趋势后发生转折，然后一个下跌趋势。

由走势的转折和中继的定义，得出：

股价走势定律 4：任何一个走势，在图表上最终都会完成。

股价趁势定律 4 的含义就是，任何一段完成的走势，在图表上一定会出现该走势的中继或盘整，然后突破中继或盘整并转折，产生三段或三段以上的重叠走势。

由于走势的转折和完成是必然的，这就给我们安全的买入和退出在时机上提供了可靠的依据。

应用举例，如图 2. 6. 2，上涨后转折，当出现顶分型，就是退出的时机；因为该下跌的一段处于走势的中继构造中，下跌后必定还有上涨的一段，这就提供了一个再次买入且保证盈利的机会，买入股票的时机就在下跌的一段出现底分型发生转折时。

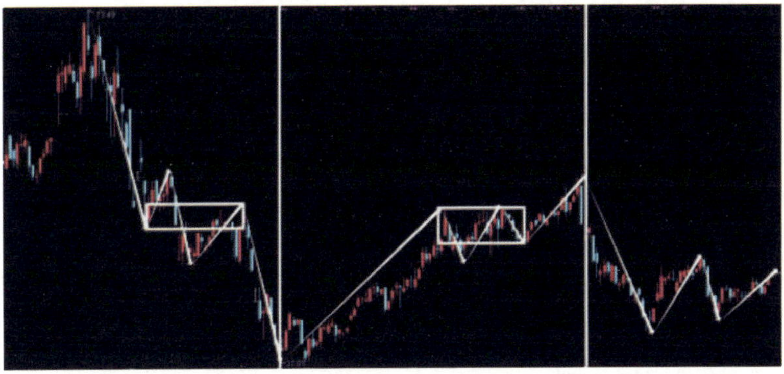

图 2. 6. 2　一个走势从生起到衰竭的过程中，必定出现该走势的中继或盘整

下面以一个走势图来说明本节的主要内容：段的连接、中继以及最初级的买入、退出时机。

图 2. 6. 3 是天山纺织在 30 分钟周期上的走势图，段的划分已经标出，有 3 段重叠走势的第一个区间是从 a 到 3 这段走势的中继，第二个大的区间内已经出现了 7 次重叠的走势，类似这种超过了中继 3 段以上重叠走势的区间称之为盘整。由总论的定律 4 可知，盘整是走势的常态。

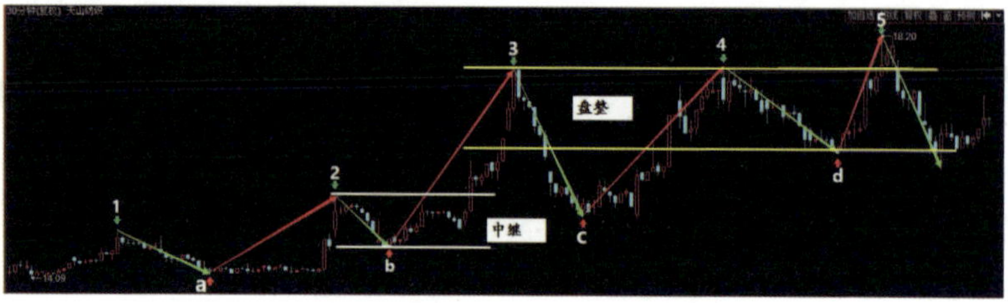

图 2.6.3　顶、底分型，连接分型的段以及走势中继

图中 2.6.3 垂直箭头位置都是段的转折点。就从第一个垂直向上箭头 a 开始说起，从这里到标注“2”为上涨的一段，由于一段走势必定会转折，所以这个向下箭头处就是一个退出时机。退出后，由于中继的三段重叠走势在图表上一定会完成，所以必然有上涨的一段，当走势在“b”处完成了一个底分型，就是再次买入的时机。

以上的举例只是做一个直观的说明，如果能认识到股价走势的必然局限，就可以顺势而为，随着走势的波动，让每一次上涨产生盈利，并回避下跌的波动。当然，这个举例只是一个简单的标准走势，如果刚好碰上这类型的，只能算运气好。如果股市走势一直有这么简单，根本无须用什么交易系统去对付。

但上面的举例有一个严重的问题就是，指出的买入退出时机似乎只是马后炮，在实际的股价走势中，完全有可能顶分型转折后马上再次上涨创新高，而在底分型完成一个小小的转折后，再次下跌创新低——问题确实如此。不过，本文所谓的交易系统如果不能解决这个问题，那也太小看哲学逻辑了。

下文的内容，将会重点解决这个问题，其精确性可以明白地指出：在上涨的一段一系列顶分型中，现在的这个顶就是这一段的最高点，后面必定转折，或者在下跌的一段中，现在的这个底肯定不是它的最低点，后面一定会再创新低。——至少要达到这种精度，才有实际操作的意义。

提前预告一下，准确判断一个走势的顶和底，需要应用到另外一个厉害的分析工具——合力衰竭。另外说明一点，“猜”顶底与“判断”顶底不能相提并论，“猜”是完全的主观臆测，而分析判断是依据走势本身的信息，就是让走势自己说话，从而知道它下一步的状况。

走势顶部、底部的生、灭周期等同于合力的衰竭、新生周期。因为走势在合力作用下沿原方向的延续，同时伴随着方向相反的分力的干扰，最终主导走势方向的合力再次战胜分力，才能继续创新高或新低。如果主导方向的合力在股价的前进中衰竭，此消彼长，从前相反的分力便开始主导走势方向，而这次的转折点，就是在交易中有局部参与价值的买入、卖出时机。具体的分析方法和需要借助的辅助工具将在下文的内容详细列出。

走势必然有规律，但是只有通过缜密的分析才能得到。合力与合力衰竭，就是研判股价走势和股票交易的终极武器，它的研判范畴涵盖走势二维图表和价格走势之外的相关对象，最终把所有已知条件都集中在这个方程式下面去求解。

第7节 不同周期之间合力的过渡

当市场交易者打开综合指数或某只股票的K线走势图，展现在他面前的并非这个走势图的全部，只是该股票走势某一个周期的图表，通常是日线的。在日线走势图上，该股票1个交易日共4个小时的价格波动就用1根K线柱表示；同理，周线走势图上的1根K线柱表达了该股票在1周时间里所有的走势波动——在这种表达下，日线、30分钟周期以及更小的波动都被忽略不计了。

事实上股票交易并非以日、周为单位连贯而成的，而是按秒计时，一单一单逐笔成交，高低波动，连绵不断，在此基础上自组出大级别周期的走势。也就是说，股价的原始走势是以不可分割的分钟（甚至秒）为周期的，其他5分钟、30分钟、60分钟、日线、周线、月线、年线等都是从1分钟周期过渡而来的。

在这种情形下，从不同周期的视角去看同一只股票的走势，得到的信息会有所不同，比如一只股票在30分钟走势上几轮上涨下跌，可能在周线上只有一个小小的十字星，什么波动都看不到。

同理，比如有一个交易者在某股票的分时图上发现该股从低位强势拉升，马上买入，可是当天就冲高回落，第二天继续低开，大跌。后来才发现该股票在日线周期上正处于下跌趋势中，分时周期上的强势相对处于日线周期的下跌趋势来说，几乎相当于螳臂挡车。

波动，意味着风险，同时也是利润的所在，一个不能从各个视角充分展现市场实际波动的走势图，不能算一个优秀的分析工具，只有把同一股票不同周期的走势像方程组一样联立起来，才可以得到比任何一个单一走势图都要完善的已知信息。

由前文总论中的几大定律可知，不同周期走势之间具有自相似性，在一个周期上成立的定律与推论，对其他一切周期同样成立。

前文对于某个周期走势，用“段”做出划分，让主导走势的合力方向明朗，使杂乱无序的K线方向变得清晰。段就是在一个同向的走势中，最高的顶分型和最低的底分型之间的连接，顶、底之间K线的有限波动忽略不计。这个办法是相对于某个特定的周期来说的，如果要把同一只股票不同周期的走势联立起来进行分析，就会出现以下几个问题。

（1）小周期切换到大周期：当你把5分钟周期的走势划分完“段”以后（实际交易中当然不需要真的去画线，目测就可以了，熟练以后几乎1秒钟就把这个步骤搞定了），再切换到大一级别的周期，比如日线或30分钟周期走势，会发现原来5分钟周期走势被挤压变形，该走势周期上幅度明显的波动在30分钟走势上很微小，几乎可以忽略。

（2）大周期切换到小周期：在日线上一段上涨刚刚转折，出现顶分型的时候，切换到5分钟周期走势图上去看，会发现顶分型早已完成，5 分钟周期的图表上已经出现了下跌的一段，而如果只根据日线走势交易，反应过于迟钝。

当小周期走势向大周期走势过渡时，走势方向相同的几段，可以合成更高级别新的合力，把不在交易周期内的波动忽略掉。即使用段对合力进行基本的分类，当走势的时间跨度大到一定程度，数不清的上上下下的段同样显得杂乱无序，不能清晰地表达其中起主导作用的合力的方向。

就像把杂乱的 K 线排列合并为段一样，杂乱的段也可以进行更高级别的合并处理，对于一个向上的走势，从最低一段的低点，到最高一段的高点之间，一系列段的连接，称之为——弦。在一个“弦”的走势里，段的转折被忽略不计，弦之于段，就相当于段之于 K 线柱，段是一系列 K 线柱的连接，弦是一系列段的连接。段的基本稳定单位是 3 根 K 线构成的顶底分型，弦的基本稳定单位是有重叠走势的 3 段，如果一个段也能构成弦，那么弦和段就没有什么区别了。

弦的划分标准：非包含的、连续的 3 个段或 3 个以上的走势，且前 3 个段有重叠部分（见图 2. 7. 1）。

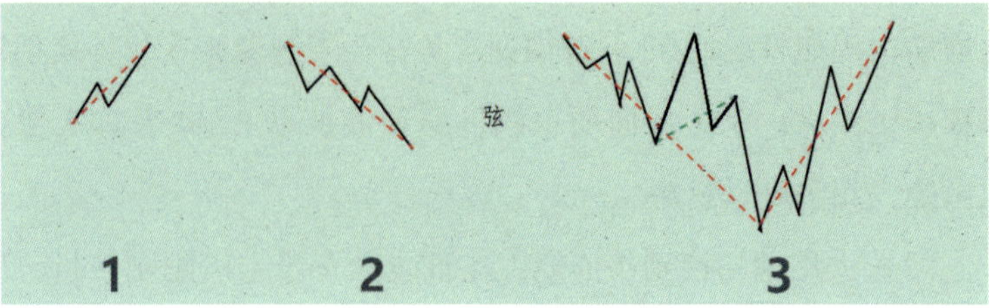

图 2. 7. 1　弦的划分

图2.7.1中1处，有重叠的连续3个段就是一个最简单的“弦”，这3个段构成“弦”基本的合力稳定结构，2处是下跌的弦，3处是一个下跌的弦转折为一个上涨的弦，并特别标注，图中最短的虚线是弦的错误画法，因为它的第1段与第3段是包含关系，第3段高点比第1段高点低，低点比第1段低点高。

和段一样，从顶分型开始的弦，其终结一定是底分型；反之亦然。划分好弦之后，当小周期走势切换到大周期走势时，小周期的弦就是大周期的段，在小周期上的细微转折就忽略不计了，以便大周期合力方向清晰明朗。同理，大周期的一个弦就是比它低一级别小周期的一个走势。

弦，反映了走势中分力的合成和走势能量的汇聚，用“弦”做合力的向量名词，来源于弦的几何、物理、汉语定义：弦在几何中定义为直角三角形的斜边，在物理中定义为占有一维空间的组成所有物质的最基本单位，在汉语中表示弓弦、琴弦等拉紧的绳状物。

下面用一个走势图举例说明不同周期之间合力的过渡（见图2.7.2）。

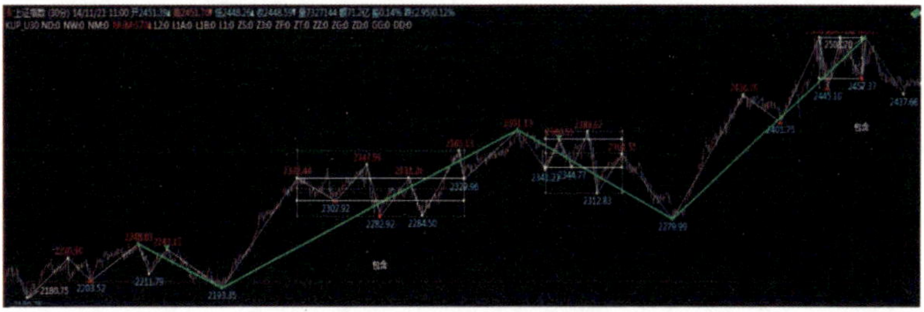

图2.7.2　方向凌乱的段自组出更高级别的矢量合力——弦

图 2.7.2 为上证指数 30 分钟周期走势，跨度短的连线（白色）为段，跨度长的连线（绿色）为弦。

这种不同周期之间合力的过渡，其实际意义在于：当这段走势切换到日线去观察时，它在 30 分钟周期的波动即白色连线就居于次要地位，而绿色的连线所代表的主要合力方向和转折就是最重要的参考依据。如果你是做长线投资的，就把周线、月线周期的走势作为研判依据；如果做短线，就用日线、30 分钟线周期的走势作依据；做超短线的，其依据就是 30 分钟、5 分钟周期的走势了。

多个走势周期构成一个周期系统，对于同一个走势，在本书的论述中，为什么经常是 5 分钟、30 分钟和日线这 3 个周期联立分析而不用其他周期，比如 60 分钟、15 分钟呢？其中的缘由如下。首先，日线是最基本的，不能动，一日有 8 根 30 分钟 K 线，如果是 60 分钟，则只有 4 根，太少，而如果是 15 分钟，则有 16 根，又太多。其次，15 分钟与日线是 16 倍的关系，按照 16 倍关系再缩小一级，就是 1 分钟 K 线了，很多时候，是无法操作 1 分钟的。所以，5 分钟到 30 分钟是 6 倍关系，30 分钟到日线是 8 倍关系，日线到周线是 5 倍关系，周线到月线是 4 倍关系，这样一个倍数关系均匀的周期系统的参考价值较好——周线、日线、30 分钟、5 分钟、1 分钟，这算一个周期系统；周线、（日线）、60 分钟、15 分钟、5 分钟、1 分钟，这也是一个周期系统。

在任何时候分析某只股票的买入、卖出时机，绝对是建立在明确的走势周期上的，离开具体的周期，笼统地寻找理想中的

“时机”，没有实际意义。若在这个关键的地方糊涂，后面的交易简直就是“盲人骑瞎马，夜半临深池”。

比如你研究了好长时间某个上市公司的基本面，准备来一次长线持股，在周线的一个买入时机建仓，却每天盯着分时图，看着分时走势的上涨下跌而终日惶惶，不断地卖出、买入，就是把交易的周期搞混乱了。

如果你要做超短线，在一只股票5分钟周期某个位置买入，然后退出的时机却看日线、周线的，这样的操作能不乱套吗？

第8节 走势形态的应用价值

以上用几节内容对股价走势图所包含的有效信息进行了重新归纳整理，从“市场全体参与者的合力是驱动股价变化的根本原因”这个立足点出发，定义了股价走势的许多重要属性。这些属性自有股票交易以来一直存在，只是以前没有被充分、高效地利用起来。

本交易体系的核心是“合力”，各种分析工具和技术方法，还包括基本面、新闻等，都是为了最终分析、对比多空博弈的“合力”。在这一前提下，再结合走势的局限、人性的局限、利益的局限、筹码、资金等，凡是能暴露股价走势内在信息的，都可以为我所用，全息思维，不局限于某一种方法。

分析股市，本质上就是分析“人”，即参与股市交易的人的贪婪和恐惧。如果斤斤计较于什么线、几阴几阳、头肩底、红三兵、吊颈线之类，或者什么形态、波浪、神奇数字之类，就脱离了交易本质，舍本逐末了。

股价走势的变化种类很简单，只因为走势在具体细节方面具有不规则性，相似而不相同，导致分析者觉得它无法捉摸。

在股票已有的走势基础上，从“合力”的角度对其进行重新构造，就相当于多了一个监测走势的雷达，让看起来似乎无限的走势方向成为有限，杂乱的排列变得清晰。

3 根 K 线柱为一组的排列相当于股价走势的一个超级简化版，4 种分型就穷尽了它们的排列组合，其中的顶、底分型，构成了合力的基本稳定单位。在同一方向，顶与底两个分型之间的连接，就是合力的最小单位——段，而段不可直线延续，导致段在走势上必定会转折，即中继或盘整必定发生和完成。在大一周期的走势上，这个完成的走势又是该周期上的一段。

以一个上涨走势为例，如果在延伸过程中的回调，其底分型低点不触及上一个中继的高点，重新向上，这就是一个力度很强的走势。在这个走势里，有前后两个中继，方向相同，但是没有重叠区间，称之为“趋势”。

走势方向沿主要趋势运动，同时伴随着低周期的回调和转折，该周期中继和盘整里面的一段，就是低一周期图表上的一个走势。在这个走势里，又包含着微缩版的中继和盘整。

综上所述，以上对走势图表从合力的角度重新构造，为下一步交易提供了以下几个重要信息。

（1）任何方向的走势都会转折，这就决定了交易者只有及时地买入，并及时卖出才能获利，也意味着无论什么股票、无论什么行情，对于向上的走势，只要在正确的时机先买入、后退出，对于向下的走势，先退出、后买入，就可获利。因为市场永远会波动。

（2）走势转折的幅度是无法确定的，这种特点决定了正确的交易应该如下：在向上的一个走势中，只要该走势出现合力衰竭，就先卖出，持币；在下跌的走势中，等到下跌的合力衰竭，底分型形成后，再买入。

（3）股市交易盈利定律：股市交易盈利只会发生在排除该走势下跌、盘整两种可能之后。交易获利，不是做杂货生意般频繁买卖就可以，需要的是正确率，而不是交易频率。学会盈利之前，要先学会在残酷的市场生存。

管理好账户的资金，等待有利的时机。交易盈利，其必要前提是持币回避下跌和盘整。不要做“傻多”，一厢情愿地想着上涨、大涨，控制不住自己的手，不停地买买买。买入，只是在下跌和盘整被排除之后的事情，否则就持币。做空和做多，是股票交易不可偏废的两个方面，若做正确了，你不想赚钱都不可能了。

股票交易中，决定成败的是交易时机，与资金量大小无关。资金量大的，如果每次都在错误的时机买入股票，再在错误的时机卖出股票，不需要多久，资金就被折腾得没有了。资金少的，只要交易保持高正确率，几年之后，资金就是当初的许多倍，小资金也变成大资金了。

以上内容解决了买入、卖出的基本原则问题，即下跌走势到低位，合力衰竭时买入上涨走势中继转折时先退出，到下跌的一段走完，出现底分型再买入，否则就持币等待，寻找另外一个合格的买点。

不过，这里距离本系统的目标——确定性盈利还有一步之遥，以上模式只能在标准走势下才能成功，而实际的走势大多数时候是不标准的，经常是顶上面还有顶，底下面还有底，如果退出不及时，就会亏损，甚至大幅亏损。

为了解决这个问题，第三章中我们将讲述“走势的力度”。这一部分就是以走势的形态为基础，专门分析合力的新生、衰竭的整个生命过程，为准确判断具有盈利价值的交易时机提供导航。

3

Chapter

走势的力度

第 1 节 市场走势在阻力中的运动

市场走势由全体参与者的合力决定，在这个宏大的博弈里面，由于众多参与者利益矛盾、观点分歧、交易风格迥异、资金量不同、进出场时机不同、心理素质不同、交易水平不同、外部环境不同等因素叠加在一起，导致市场走势在任何时候都不可能出现整齐划一的操作，也不可能出现只有某一个方向的驱动力而没有相反的阻力与之抗衡。

走势的一段之所以能向上或者向下运动，只是在这一段的时间里向上或向下的合力暂时占据优势，但是其阻力是绝对存在的。占据次要地位的阻力，与暂时占据主要地位的合力，它们之间的关系是此消彼长，而力度较强的方向就是走势的最终方向，当势均力敌的时候，表现在图表上就是盘整（平衡）。

综上所述，走势的一切运动都是在阻力中的运动，一个走势在原方向还能延续多久，取决于原方向的驱动力与阻力之间的强弱对比。

在你选定的某一个交易周期里，一只股票买入后继续下跌，是因为下跌的力度大于它的阻力，只是你没有看出来；如果一只股票刚刚拉升后的小小震荡就让你错误地退出，是因为下跌的阻力小于它上涨的合力，只是你没有看出来而已。

只有准确地判断股票走势的力度，才能产生正确的操作。对于一个下跌的股票，现在能不能买入的问题，实际上就是研判这只股票向下的力度与它的阻力（上涨）两者之间的强弱问题。

这个问题在逻辑上又可以分解为两个问题：

第一，向下的力度是否衰竭？如果没有衰竭，就持币，不能买入；如果衰竭，甚至接近于零，上涨的力度当然可以此消彼长，扭转走势原来的方向，或至少维持为盘整。

第二，向上的力度相对于过去，是否有明显增强？假设其下跌的力度保持不变，如果因为突然的超级利好，使该股做多的意志和资金量显著大增，上涨的力度压倒性超过下跌的力度，其合力方向也会转折向上。

对于已经买入的股票，要不要卖出的问题，同样是判断多空双方力度此消彼长的问题。当上涨合力衰竭的时候，一定要先退出，即使卖掉后又上涨，也没什么大不了，不能因此而动摇股票卖出的条件设定。只要保护好了手里的资金，股票有几千个，机会几乎是无穷的。

由以上分析可以得出：

股价走势定律5：股价在合力作用下一定会运动，而不可能保持静止。

股价波动即市场参与者内心世界贪婪和恐惧的波动，如果一定要让股价在合力作用下不波动，甚至保持静止，只有在以下两种情况可能出现：

（1）看空和看多的双方，资金量、意志力刚好完全相等，即方向相反的两种走势力度绝对相等；

（2）市场走势合力等于零，也就是市场全体参与者同时停止交易，并保持行为一致。

而以上两种情况都是不可能发生的，至于停牌股，那是交易被关闭时的状况，不在股票可以交易这个前提条件内。

定律 5 的应用价值在于，因为股价一定会运动，不可能保持静止，可以知道股价方向的可变化域就更少了，不能向下就一定会向上，不能向上就一定会向下。至于盘整，只不过是几段小幅度的上涨、下跌，其参与价值因走势周期而定，5 分钟周期、1 分钟周期的，当然没有参与价值，但是周线、日线周期的盘整，只要你想参与，就可以参与其中向上的一段。

不能向下就一定会向上，不能向上就一定会向下。这几乎像极了一句废话，可事实上它是股票交易里最有价值的一句真理，就看你怎么运用了。真理往往是朴素的，就像大街上的空气和水是最便宜的，可它们是对人的生存最重要的东西。

研判合力的衰竭，就是要充分利用定律 5。下跌的一个走势只要向下的合力衰竭了，就是买入的时机，因为其后至少有一段向上的走势。

注意，这里是说“至少有一段”向上的走势，没有说“一定有”向上的一个趋势，意味着即使是下跌－盘整－下跌创新低，然后合力衰竭时买入，只能保证至少会产生一个盘整以上的走势，具体要看它实际走出来的力度。如果上涨一段完成后，向上的力度衰竭，就会进入盘整，这时候就要先出来，因为盘整后又会面临两种可能——上涨和下跌，如果盘整跌下来的底分型不创新低，再买入。

同理，一个上涨走势，其向上走势合力衰竭时，就是卖出时机。卖出，持币，等待下一个买入时机的出现。如果没有出现，就一直持币，不能追高买入。在贪婪的欲望驱使下，最难以做到，而且经常搞乱总体节奏的，就是被忽略的“等待时机”。随机买卖，过度波动，股民们似乎无师自通，个个天生就会，唯有“等待时机”一项，需要艰难的学习和付出昂贵的学费才可以得到。

第 2 节　走势的强弱态势

这一节全面深入分析走势的力度。走势的力度，就是市场多空双方贪婪和恐惧的心理力度。因为走势反映一切，所以这些心理力度最终会在走势图表上体现出来。当然，它是隐蔽的，这就需要借助一些辅助工具，来获得更充分的已知条件。

除 K 线走势外，需要引用 3 个辅助工具：走势均线、成交量、MACD。由这 3 个辅助工具加上价格走势图，完全无须外求，就构成了一个功能强大的分析界面。因为有关股价的一切，都会反映在价格走势上。如下图 3. 2. 1 所示。

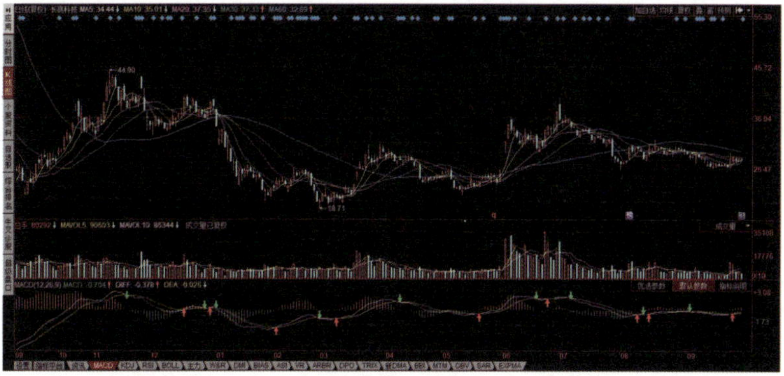

图 3. 2. 1　股价 K 线、均线、成交量、MACD 综合界面

一、均线

均线，全称“移动平均线”，是将每天的收盘价加权平均，从而得到一条趋势性的轨迹线。均线是把当前的走势放到更长的时间范围去看，既然要观测的对象是全体参与者充分交易后的合力，那么交易的时间越长，才能代表更广范围的多空双方意志，才能排除因交易不充分导致合力的表达失真。

把当前价格与前 4 天的收盘价平均，就会得到一条 5 日均线，如图 3. 2. 1 是日线周期的走势图，最贴近走势的平滑线（白色）就是 5 日均线。同理，与前 9 天的收盘价加权平均，得到 10 日均线，如图中的黄色均线。其他的依次为 20 日、30 日、60 日均线。这些均线的组合称之为一个均线系统。

由于分析走势的时候，经常要在不同周期之间切换，有时候是周线、日线，有时候是 30 分钟、5 分钟线，所以后面统称为 N

倍均线（即年、月、周、日、各分钟均线界面的MA5）。

均线指标是反映价格运行趋势的重要指标，其运行趋势一旦形成，将在一段时间内继续保持。根据均线买卖，其实质就是站在合力较强的一边来决定自己做多还是做空。

在图表上，单凭几根均线也可以构成一个完整的交易策略。

距离K线轨迹最近的均线（白色）为短期移动平均线，稍远的均线（黄色）为长期移动平均线。如果一个交易者以日线为交易周期，则5倍、10倍均线走势向上为涨势确立，向下则为跌势确立；若K线在5倍均线上方则持股，若K线落于5倍均线下方则卖出。

5倍均线转折向下则退出，空仓，持币。直到底分型形成、5倍均线转折向上的时候，就是再次买入的时机。如果要做长线，就按周线、月线周期的均线系统操作，超短线就做30分钟周期的。交易，首先一定要明确自己的交易周期，而至于具体做法都是同一回事。如果把交易周期搞混乱了，只有犯糊涂。比如按日线周期买入的，却在1分钟周期某个局部高点卖掉。

但单凭某一个均线容易被骗线，而且在盘整中也不易操作。有较强实战价值的办法是依据一个均线系统。从合力的角度看，一个均线系统比单独的均线稳定性更强，破坏这个稳定结构所需要的作用力更大，时间、资金成本更高。

如图3.2.2，以5倍均线与10倍均线的交叉关系为例，其强弱关系可分为以下几类。

（1）5倍均线向上穿过10倍均线，并保持在10倍均线以上运行，为最强。

（2）两均线略成水平并行，没有明显大幅穿越，多为盘整或中继。

（3）短期均线向下穿过长期均线，并在长期均线下方运行，为最弱。

（4）从两条均线交叉围成的面积来比较，面积越大，趋势越强；反之，面积减少，趋势减弱。

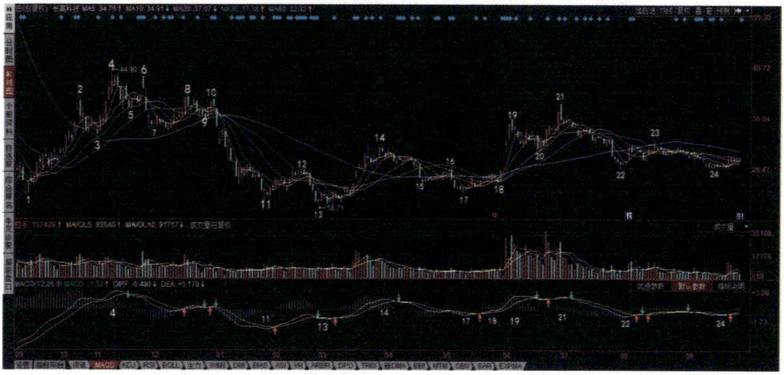

图 3.2.2　长期均线与短期均线相交围成的面积，与同一时间 MACD 红绿柱面积两者之间是等值关系

如图 3.2.2，设从 1 到 3 两点之间均线缠绕围成的面积为 e，从 3 到 5 两点之间均线缠绕的面积为 f，因为 f<e，所以它表达出的信息就是上涨的合力减弱，向上的走势难以继续维持，将会发生转折。

同理，对于一个从 4 到 13 的下跌走势，短期均线在长期均线下方所围成的面积，前面 3 个是依次增大的，所以下跌的合力是逐步增加的，后面必定会再创新低才有可能结束下跌走势。事实上，直到最后一个面积才小于其前面的那个面积。下跌的合力减弱，跌势不能继续维持，就只能转折向上了。

以上这种由长、短期均线（即快、慢均线）因为移动速度的差异，导致两条均线的离散、聚合所形成的封闭区域，用直观的图形和数字来表述，就是 MACD。MACD 以均线系统为计算的基础，按 MACD 算法得出的曲线、柱状图、数字，比均线系统更全面、更直观。

MACD 指标对合力强弱演化过程的追踪，最接近于真实，不同周期 K 线走势 + MACD 指标的联立，构成了合力分析的坚固基础。

退一万步讲，因为它是一个时间跨度较长的趋势指标，即使在这里面有欺骗和虚假成分，也是无意义的，因为有足够的时间让你在低点买入和高点退出。

在走势的研判中，如果实践经验不够，要对具体步骤进行简化，就可以忽略走势演化的过程，直接以结果为依据。在这方面，均线是一个很好的工具。

关于股票的买、卖，仅凭均线所指向的合力方向作出相应的判断，也比胡乱买卖胜率高太多了。以日线周期为例，K 线底分型后上穿 5 日均线就买入，后面跌破 5 日均线就卖出。需要做短线的，就看 30 分钟走势的 5 倍均线，在均线上才买股，均线下就空仓。如果横盘，就不参与。

均线的第一个显著作用，就是可以用最简单的办法在股市里保全自己的资金不被大跌吞噬。如图 3.2.3，以上证指数为例，结合5日均线，可以避免大多数时候指数连续下跌带来的损失，而且可以避免所有股灾。指数5日均线转折向下，就退出观望，一直等到5日均线站上10日均线，才进场买股。如果又跌破，那就再出来。仅凭5日均线与10日均线，就比股评、专家靠谱多了。

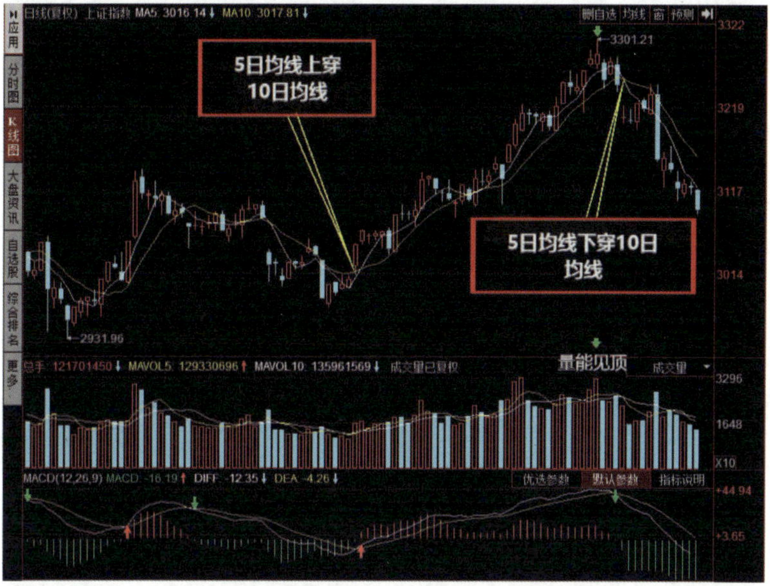

图3.2.3　在交易实践中，5日线与10日线的应用

超短的，就看上证指数30分钟走势，结合该走势5倍均线，如果对个别强势股、底部股票有把握的，可以进一步放宽要求。

再以一个实际走势证明，直接代表了走势合力的均线可以给股民提供简单明确的参考依据，各位可以把中国股市从开张到现在一路对比看一下。

如图3.2.4，在上证指数某次大跌中，只要参考了5日均线，就不会出现大幅亏损或买入过早、抄底抄在半山腰这种情况。

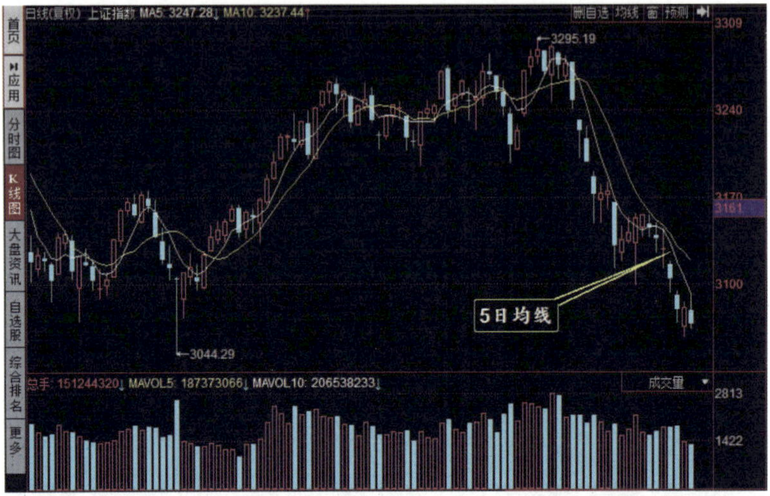

图 3.2.4　市场趋势最直观的风向标——5 日均线方向向下，维持看空

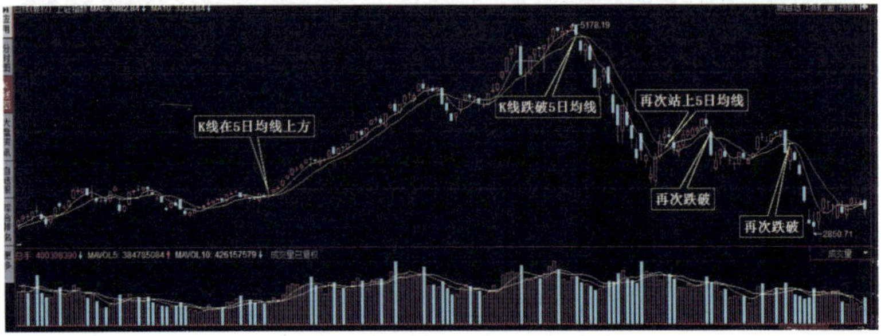

图 3.2.5　2015 年股灾中，均线系统就是最明确的方向路标

5 日均线对判断大盘走势可靠性最高，因为没人有实力可以在大盘走势上作假，对个股走势也有重要重考价值，但是要过滤掉主力在相应周期上的欺骗行为。

从个股的操作来说，正因为 5 日均线大名鼎鼎，有太多的技术派使用，所以出于利益立场的矛盾，主力可以利用这一点，反其道而行之，刚好借用5日均线诱骗股民买入股票。比如明明准备出货大甩卖了，却来个假突破，把K线拉到均线上方，吸引技术派买进，然后暗中大量抛售股票，留下技术派在那站岗。或者在平台底部准备拉升时，却故意击穿5日均线，破位下跌，形成空头陷阱，诱骗股民卖出股票。

过滤主力骗线的方法如下。

（1）提高均线的过滤能力。一般情况下，5日均线是使用最广泛的。一般的骗线都是为5日均线量身定做，但是骗线光靠臆想是骗不了的，在走势上作图需要花费大量资金。做股票生意，人家也是要算成本账的，假击穿5倍线需要大量成本。我们可以自己在软件上设置一下，不用5日均线，改用7倍均线。方法是找到相应的设置区域，把数值5改为7，就行了。要在7倍均线上骗线，难度更大，成本更高，而且7倍均线使用的人数少，这样就能过滤掉大部分针对5倍均线的骗线。按7倍均线操作，原理和5倍线一样。

（2）把单根均线升级为均线系统。由5倍均线和10倍均线两根均线所组成的均线系统，如图3.2.6，基本上能过滤掉所有骗线，因为要在这上面作假，成本和时间几乎高到不可承受。看图的时候，就看5倍线在10倍线上面还是下面。从看涨的角度，在5倍均线上穿10倍均线为强势，可以参与；在10倍均线下面为弱势，回避。

均线和均线系统，在单边走势中效果显著，简洁易操作；但在方向不明的横盘走势里，原则上不参与，如果买入，只能降低

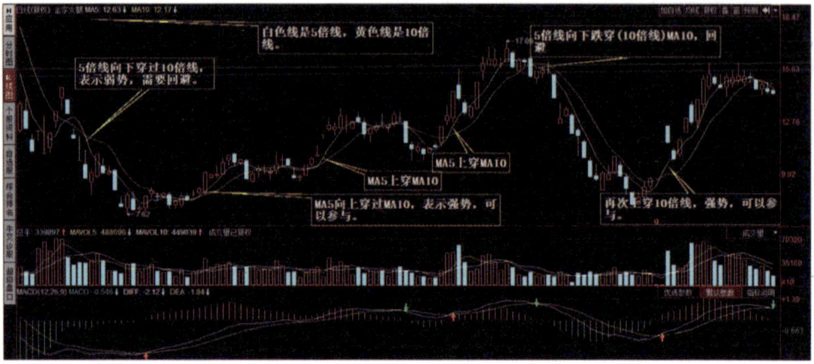

图 3.2.6　由两条均线所构成的交易策略

操作周期，比如看30分钟或5分钟走势，把波动放大，其具体的应用与日线同理。

二、成交量

成交量即参与交易的资金量，是股价走势合力的来源。前文所说的某个方向的走势不可能一直延续，其中一个重要因素就是成交量不可能无限持续——驱动股价上涨的资金量有限，驱动股价下跌的做空筹码也是有限的。

股价上涨的驱动力，是股票某段时间供不应求，持续增加的资金量大大超过了看空者抛出的筹码。因为资金不可能无限增加，交易者也不会无限看多，当买股票的资金量减少，向上的合力衰竭，股价便不能持续上涨。如果后面抛售的筹码增加，最终导致合力方向转折。

向上的合力来源于场外的资金，向下的合力则来源于市场的筹码。附带了看空意志的筹码量大于购买筹码欲望的资金，供大于求，股价便下跌。但在经过充分换手之后，做空的筹码也是有限的，不可能无限抛售，当抛售量极少的时候，做空的合力也就失去了驱动力的源泉。

成交量的走势也和股价走势一样，有相同的性质，就是成交量的上升或下降不可能一直延续，必定发生转折。因为资金是股价上涨的驱动力，在正常情况下，成交量与股价的走势高度匹配，同升同降。

成交量的应用价值，在于以下几个细节。

（1）股价在高位再创新高，而成交量不创新高，反而下降，就是量价背离，其上涨不可持续，因为“价”是由“量”来维系的；

（2）成交量形成顶分型，股价在后面也会随之形成顶分型；

（3）低位股价大涨，成交量却缩小，只能证明这只股票里面多空分歧很小，看涨的远大于看跌的，少数资金量就能驱动它上涨，后面还有很大上升空间。

关于均线和成交量，本来属于从两个不同的视角去看股价走势，因为不同的交易者即使对同一指标的理解也会有所不同，在这里从“合力”的视角把两者与 K 线走势纳入一个统一的体系，以便于后面叙述的展开。

三、MACD 与股价走势

在有关 MACD 指标的运用中，要经常用到“MACD 面积”这个名词——走势图成交量下面，每一组颜色相同、高低不等的柱子面积的总和，简称 MACD 面积。如图 3. 2. 7 所示。

在实际交易中，从合力的视角去看股价走势，知道其转折、

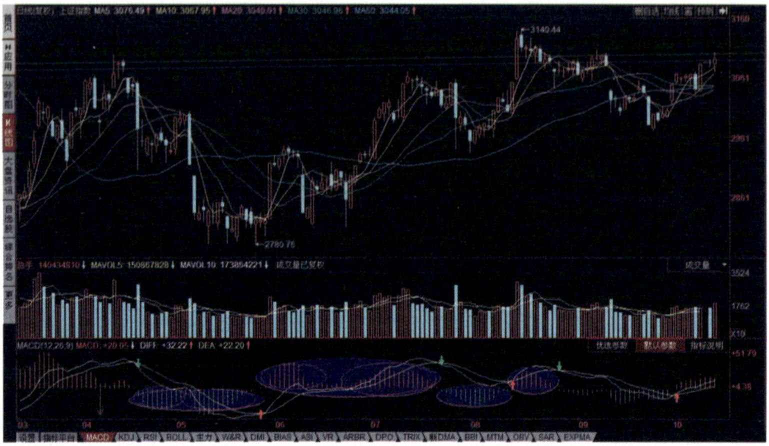

图 3.2.7 椭圆标注的即 MACD 面积

中继、盘整的必然性，某个方向的走势必定结束、合力必定衰竭这个合力的生、灭过程，其余分型、段、弦、中继的划分一眼就能看出来，图中无须画线，心中有数就行了。

下面要把图 3.2.8 和图 3.2.9 结合起来看，只因为太多线画在一起分辨起来不方便，所以分成两个图。先强调一点，并非实际交易的时候也要在走势图上画出段和弦，标注顶、底分型之类的。这里只是为了股票交易知识的准确传递，不然光说从哪儿到哪儿，没个具体标注，谁也无法明白。

从走势合力这个视角来看，股价从来不存在无利益驱动的波动，图 3.2.8 和图 3.2.9 整个走势的驱动力描述如下：

从 1 到 2，是上涨走势的一段；从 2 到 3，在阻力作用下转折；从 3 到 4，再次转折向上，证明向上的合力暂时占据主导地位。同时，第一个蓝色方框就是从 1 到 4 这个走势的中继，到 4

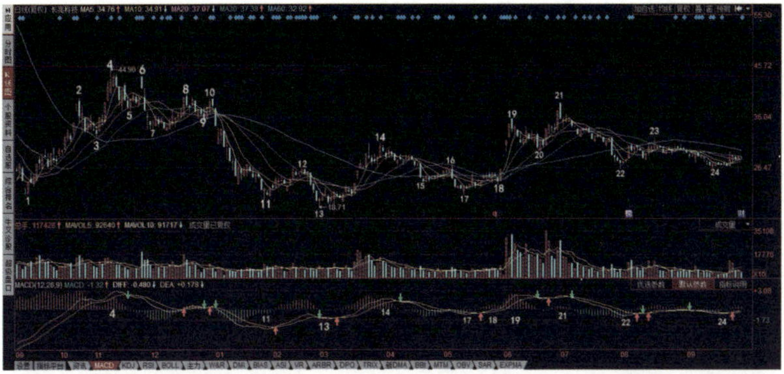

图 3.2.8　K 线走势的转折点与 MACD 值的一一对应关系

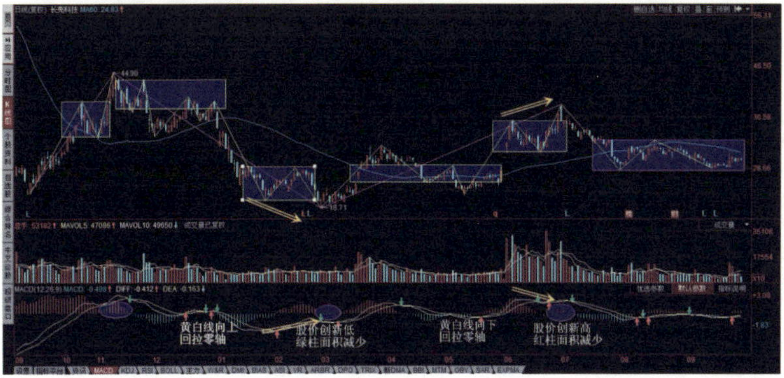

图 3.2.9　股价持续创新低，绿柱面积持续减少导致下跌走势背离；股价持续创新高，红柱面积持续减少导致的上涨走势背离

这个位置，一个日线周期的走势已经完成；从 1 到 4，就是一个弦，也就是周线上的段。

K 线走势任何一点都会有 MACD 红绿柱、黄白线的对应，这个辅助指标在判断合力的背离和衰竭中有不可替代的作用。位置 4 的股价相对于位置 2 创新高，而 4 对应的 MACD 红色柱子面积相对于 2 却出现背离，所以其合力不能继续维持向上，将会导致该走势的转折。因为合力与股价走势的背离，高点 4 就是卖出的时机，然后持币等待下一个买入点。买入点没有出现，就一直持币。

下一个能成为买入点的条件，至少是下跌走势完成后的底背离，或者盘整的底背离。要背离，最早也是走出向下的两段之后的事了。在两段走出来以前，空仓就行了。

这个转折后将会出现的情况必定如下：开始出现一个盘整，盘整后只有两种可能，即上涨或下跌。究竟是上涨还是下跌，不需要猜测，它自己会走出来，只需要按图交易就行了。

其后市场合力所主导的方向显然是向下，股价走势的顶分型持续降低，均线、MACD、黄白线转折向下。在这一过程中，依次产生了一系列低点 5、7、11、13。在后面的低点出现以前，我们怎样判断当时的低点是不是最低点呢？这个问题是交易中的重大问题，也就是避免买入后，低点后面还有更低点，导致亏损。

从 4 到 7，下跌走势所对应的第一片绿柱出现，因为只有一片，从该走势日线周期来说，无法对比其是否背离，所以没有日线周期参与的价值。但是，往小周期去看，肯定可以找出 30 分钟和 5 分钟周期走势的下跌背离，可以在该处买入，持有到 30 分钟或 5 分钟上升顶背离处卖出。所以说，股市里的机会和风险都是相对的，具体要看在哪一级周期交易。

从 10 到 11，下跌走势跌破盘整底部，创出了新低，其对应的第 2 片绿柱也大于第一片，该走势还是向下的合力占主导地位，没有日线周期的参与价值。如果一定要参与，也只能在小交易周期里找时机。

最后，在 13 这个位置，股价再次创新低，可是这段下跌走势所对应的绿柱，面积大大缩小，下跌趋势在这里发生了背反。也就是向下的合力衰竭，后面无法继续维持向下，而走势一定会运动，所以只有向上，发生至少是盘整级别的转折。这一点，就是可以产生盈利的保障。

从 4 到 13，有两个下跌的中继，是一个下跌趋势，在趋势里产生的背离，就叫背反。

背离发生的次数比较频繁，比如股价与成交量背离，股价走势的一段与 MACD 的背离，但背离不一定能导致反方向的趋势或盘整，往往背离了之后继续原方向，其合力的稳定性差。只有趋势背反才是合力衰竭的标志。

向上的合力衰竭为顶背反，为卖出点；向下的合力衰竭为底背反，为买入点。

趋势背反，在 MACD 上有一个重要的体现就是黄白线往零轴方向的回拉，比如从 1 到 4，只是一个走势背离，其 MACD 黄白线就没有对零轴的回拉。这种走势背离在低周期比如 5 分钟周期的走势里，就是一个趋势背反，所以走势背离是一个类似于背反的东西，可称之为“类背反”。但是在从 4 到 13 的趋势里，黄白线中间就有一次反抗，向零轴回拉，但是失败了，后面再创新低。

技术指标都是股价走势的衍生品，向零轴回拉，是由下跌趋势中股价走势的盘整导致 MACD 黄白线出现的对应图形，但在这次反方向回拉中，消耗了主导合力方向的空头大量能量。而合力衰竭的过程，就是原方向合力被反方向阻力消耗枯竭的过程。

为什么 MACD 指标能作为追踪合力衰竭的重要依据？这个要从该指标是怎么算出来的说起。前文说过，均线有短期移动平均线和长期移动平均线，从反映股价变化幅度的灵敏度来看，短期均线就是快线，长期均线就是慢线，在同一时间点，快线的值与慢线的值之间的差额，用数字来表示，就是 MACD 值。把这个值用更形象、具体的柱状图来表示，值越大，柱子就越长；反之，就越短。

显然，当快线与慢线相交时，差额为零。下跌走势，快线的值小于慢线，差额为负数，在零轴下面，用绿柱表示；反之，则用红柱表示。

综上所述，MACD 反映的是短期走势相对长期走势脱离的剧烈程度，也就是合力在原方向的“加速度”。到此总结为一句话，观察 MACD，就是观察合力的“加速度”。

当维持走势在某方向运行的合力加速度减弱，甚至降为零，其继续运行完全依靠原方向的惯性，而走势永远处于阻力的环境中，所以原走势不能维持，必导致反方向转折。

合力衰竭（趋势背反），即加速度取消，用个形象的比喻就是“强弩之末，不能穿鲁缟，冲风之衰，不能起毛羽”；或者可以比喻为汽车在泥淖中行进，如果停止给油，即使不刹车，也会因动力衰竭自然停止。

这里专门说一下“趋势背反”的含义以及在走势中的必然。“背反”这个词来源于希腊哲学概念“二律背反”，指规律中的矛盾，在相互联系的两种力量的运动规律之间存在的此消彼长、相背相反的作用。大哲学家康德提出著名的“二律背反”4 个案例，引出了人类的认知能力与认知欲望之间的矛盾，然后从这里推导出了有关“理性有限”的批判。

在一个下跌的趋势中，能使股价向下运动的合力，来源于做空的筹码。该走势的维持是以做空的筹码消耗为代价的，而筹码是有限的，股价下跌越多，剩余可供消耗的做空筹码越少；但是随着股价的降低，场外资金做多的意志越强，继续砸空需要的筹码越多，这二者之间的背反导致股价走势无法沿原方向继续发展，即底背反导致的下跌合力衰竭。——这里注意一个概念上的问题，一只股票的流通市值，即筹码总量在一定时期内是固定不变的，所谓的筹码消耗，实质上是指“做空意志”的减弱，具体就是附带了做空意志的筹码换手到看多的股东那里，原来的筹码所附带的抛售意愿就消失了。

同理，在一个上涨的趋势中，股价上涨的合力来源于做多的资金，该股持续上涨是以资金的消耗为代价的，一只股票的参与资金也是有限的，股价上涨的越多，剩余可供消耗的资金越少；但是随着股价的升高，场内持股者抛售的意愿越强，继续推升股价需要的资金越多，此两者之间的背反导致上涨的合力衰竭，即顶背反。

所以，背反成立的前提为什么是趋势而不是走势？就是因为趋势经过更多的中继和盘整，对维持原方向的合力进行了时间、空间上的足够消耗，从而保证了合力衰竭的确定性。由以上分析可以得出：

合力背反定律：任何股价的走势必定会发生合力的背反，导致原方向走势的衰竭。

正是这一点，为股市的参与者提供了把握其波动节奏的关键。

参照上文图3.2.8与图3.2.9，接下来从13到21是一个上涨趋势，第一个方框区间为盘整区，在17那个位置产生了一个盘整的底背离，然后转折、向上，走势完成。但是19这个位置，相对于14，黄白线、红柱与股价同创新高，证明其内部所蕴藏的向上的合力还可以支持股价沿原方向上行，然后该走势向上完成第二个中继，再创新高，至21，形成顶背反，向上合力衰竭，导致其后必有相当级别的反方向运动。

顶背反，就是一个卖出时机。到了顶背反，一定要果断卖出。一个正确的买入加一个正确的卖出，才能构成一个盈利的交易。卖出时机出现而不卖，比正确的买入时机出现而不买后果更严重。

如24那个位置，还在盘整区间，至少等它创新低后出现底背离才有买入的可能。这里是说“可能”，当它的股价走势出来以后，并不会一定背离。如果是加速下跌，即MACD绿柱增大，当然随便它继续向下，持币才是唯一正确的操作。

为什么一定强调要股价创新低或新高，才有判断合力是否衰竭的可能？因为股价没有创新低或新高，就肯定还在走势的中继或盘整当中，即当前的走势还没有完成。

如何判断走势是否背离或背反？要比较中继所连接的前后两段同向走势。

对一个没有完成的走势进行前后合力的比较，是失真无效的，只有创新高或新低，其走势在图形上才算完成，随时有可能结束并转折。这时候就可以去寻找买入或卖出的时机了。

再次强调，正确的卖出和买入是同等重要的。股票交易不是买入就等着数钱了，因为买入后会面临三种情况：盘整、下跌、上涨。任何时候，盈利的基础都是建立在对三种情况的完全判断之上的，如果买入后发现判断错误，出现下跌，则马上退出；进入盘整，也要马上退出。

这个退出的依据，绝对不能以账户赚钱还是亏钱为依据。不管是赢钱还是亏钱，只要发现持股的理由消失或不成立，走势转为盘整或下跌，就要退出，因为即使是盘整，其后面有一种情况也是下跌。

赚钱，是正确操作的回报；亏损，是错误买卖的结果。一定比率的亏损，是股票交易这一行应当付出的成本，不能绝对避免，但可以控制亏损的比率和幅度。股民无法控制交易的结果，只有随时修正自己的交易，让它无限接近于正确，盈利就是自然的事情了。

事实上，许多交易者都是根据盈亏进出的，买入的理由就是“认为”能赚一笔，卖出的理由就是因为亏钱了，甚至“不卖”的理由也是因为亏钱或赚钱了。亏钱了不服气卖出，赚钱了不在乎亏损——完全被贪婪和恐惧牵着鼻子走，诸如此类与交易真义离题万里的种种行为反复发生，于是被股票折腾得死去活来。

盈亏是交易的结果，根据结果来交易，是典型的本末倒置，混淆因果。前文所强调的人性修养，其用途就在于此。在市场交易中，要练就冷峻深刻的思维，只根据时机进出，不因走势的波动而自我摇摆。

有一个关键问题，需再强调一遍：在追踪合力衰竭、判断趋势背反的过程中，要用前后两段走势做力度上的比较，就是比较其加速度是增加还是减少，具体是哪两段走势。答案是，在一个趋势内，同方向、同周期的相邻两段走势，中继和盘整里面的次级别走势除外。在一个下跌趋势里，就是以中继为中心的前后两段相邻的下跌走势。如果是上涨趋势，就是同周期的两段相邻的上涨走势。

第 3 节　不同周期合力的对抗与平衡

上一节在论述合力强弱时，有两个问题在交易中意义重大，所以用这一节来解决。

问题一：即使在某个趋势的合力占主导地位时，也会有反方向的转折走势，这种走势有没有参与价值？如果有，如何参与？

问题二：一个趋势在本周期顶背反或底背反完成后，一般距离最高点、最低点已经过去一段时间了，实际交易中的买入、卖出时机有没有办法更接近一点?

对于第一个问题，这种走势在本周期图表上的一段，就是低级别周期上的一个走势。例如上文图 3. 2. 8 从 4 到 13 这个下跌趋势中，7 ~8、11 ~12 这两段上涨，就有超短线的参与价值。只要有波动，就会产生利润，就看交易者如何把握了，所以本系统无所谓牛市熊市，只要区别对待不同的周期，按周期级别交易，长线短线、牛市熊市都一样。

同理，13 ~21 这个上涨趋势中，14 ~17、19 ~20 这两段反趋势，也有交易价值——做空。本交易系统，只有正确的买入卖出时机，无所谓上涨或下跌，反正只要是波动，就提供了交易盈利的空间。做空和做多操作同等重要，买入一只股票后，如果只会一根筋地持股不动，白白浪费掉可交易的时机，就是损失。

做空交易，可以降低成本，等同于增加盈利。例如一只股票在上涨的走势中，股价 10 元并发生转折，如果做空，就是卖出后持币，因为走势必定转折，到 9 元再次买入。如果卖出时账户金额是 10 万元，第二次买入就可以买 11000 股，当股价再回到 10 元，账户资金就是 11 万元了。如果不做空，仍然是 10 万元。这增加的 1 万元，就是对你正确做空的回报。

即使在上涨的走势里，都要把握节奏，适当做空；对于下跌的趋势，则可以参与低周期的做多了。参与的周期小，这个无所谓，来回多交易几次，获利一定不比大周期少。在资本市场，资金量大小、长线短线都不能决定成败，决定成败的是准确率。只要交易保持高正确率，没有什么能阻止你资金翻倍、再翻倍。

问题一提炼后可转换为另一个等值问题：大周期趋势下的小周期反方向走势，其走势力度如何？

假设大周期的合力方向为下跌，如果走势转折，则小周期里面的分力有两个，即向上和向下，此时向上的分力与合力矛盾，受到制约，上涨幅度有限；当这个由合力转折导致的小周期上涨再次转折向下的时候，不同周期的向下合力产生共振，导致大幅下跌，事实上就是在一个下跌的中继或盘整里，其反弹不创新高，将会加速、破位下跌。

同理，上涨趋势确立，其回调不创新低，或者不触及前一个中继的高点，将有大幅上涨，并创新高。类似这种有参与价值的买入时机，处于合力最强盛时期，把它称之为“高阶买点”。“阶”，就是取“阶梯、台阶”的意思。

以此类推，下跌趋势底背反，即下跌合力衰竭、上涨的合力还未确定的买入位置，称之为“低阶买点”。由低阶买点上涨的走势，后面的回调不创新低，其上涨走势就可以确立了。这个回调位置产生的买点就是“中阶买点”。

由合力必然会有新生、衰竭的生、灭过程可知，在向上合力新生、确立、强盛过程中必定会产生低、中、高三阶买点（如图3.3.1），同理，在上涨合力衰竭而下跌合力新生、确立、强盛过程中必定会产生高、中、低三阶卖点（如图3.3.2）。

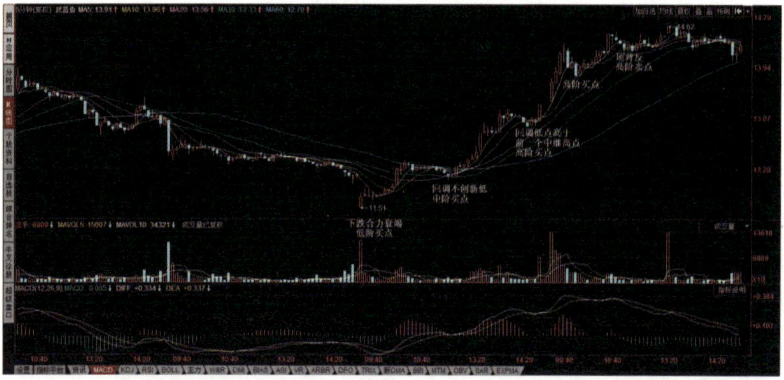

图 3.3.1　走势由下跌转折为上涨的过程中，依次产生低阶、中阶、高阶买入时机

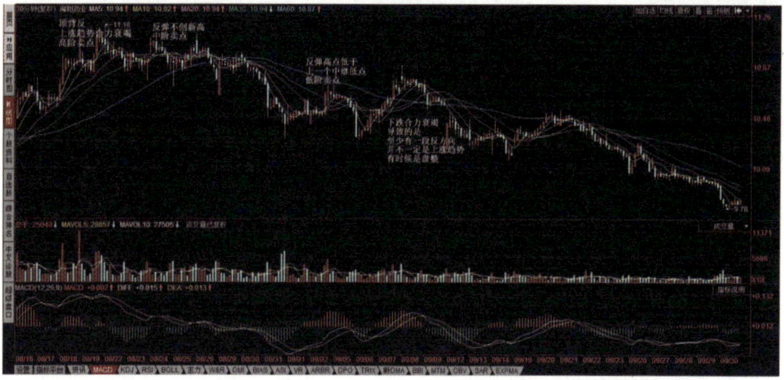

图 3.3.2　走势由上涨转折为下跌的过程中，依次产生高阶、中阶、低阶卖出时机

确定性盈利的股票交易体系就是在不同的交易周期中，把握其三阶买卖时机，有买入时机才买入，遇到卖出时机就卖出，按图交易，摒弃一切主观臆想。

问题二则可转换为趋势背反判断的精度问题。

关于提高操作精度所用的方法，就是从大周期往小周期逐级逼近，因为周期越小，精度越高。一个日线上的顶分型最早要第二天才可以确定，而 1 分钟走势上的顶分型，下一分钟就可以确定了。

因为我们所看到的各周期股价走势，事实上都是由最小的走势周期自组出来的，大周期图表上发生的一切，都会在小周期图表上先一步体现出来。比如日线周期的下跌或上涨，一定早就在 5 分钟周期图表上体现出来了。

不同周期之间的切换不可乱用，否则大家全看 1 分钟周期走势的就可以了，要那么多图表干什么？不同的走势周期对应着各种交易风格，只有在你的交易周期下，认为接近卖出或买入时机了，才需要放大走势图，进入小级别周期图表，用“逐级逼近法”，寻找精准交易时机。

例如，在日线这个位置你觉得接近顶背反，应该卖出了，就进入 30 分钟走势周期，等它接近 30 分钟走势顶部。如此逐级逼近，用最精准的操作，甚至可以在 1 分钟周期的顶部准确地卖出。如果经验丰富的话，这个 1 分钟的顶部同时就是日线走势的顶部。“逐级逼近法”可以大大提高交易的精准度，下跌卖出的操作同理。

以上两个问题，合并成一个问题，就是对不同交易周期之间综合、系统地应用。

交易，不能光看一个级别的周期，因为走势的自相似性，不同走势周期都有自己的必然局限，而把一系列周期联立起来看，综合判断的效率和正确率就高多了。

下面以京汉股份2017年5月2日的顶分型卖出时机为例，把该股票放在不同走势周期的视角下去判断。以图3.3.3、图3.3.4、图3.3.5为例，详细讲一下本节内容的应用之一——卖出时机的逐级精确。买入时机与此同理。

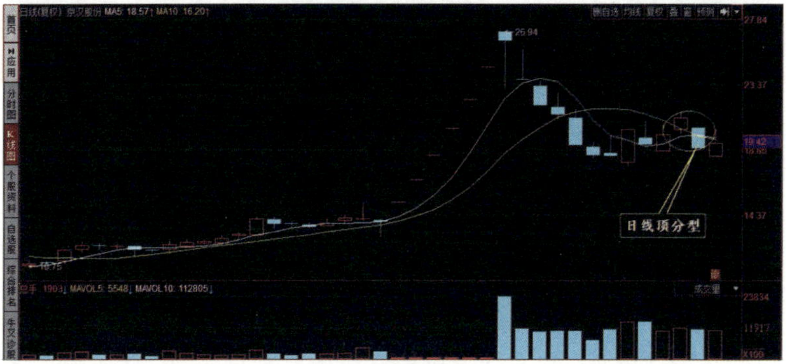

图3.3.3　立足于超短线角度，从最近的一个底分型买入，再结合京汉股份当时所属的“雄安新区”板块指数走势以及京汉股份的量价关系，判断此处临近日线顶分型，但如果只看日线，至少要到第二天下跌收阴线才能确定，那时候距离顶部高点往往过去了不少幅度

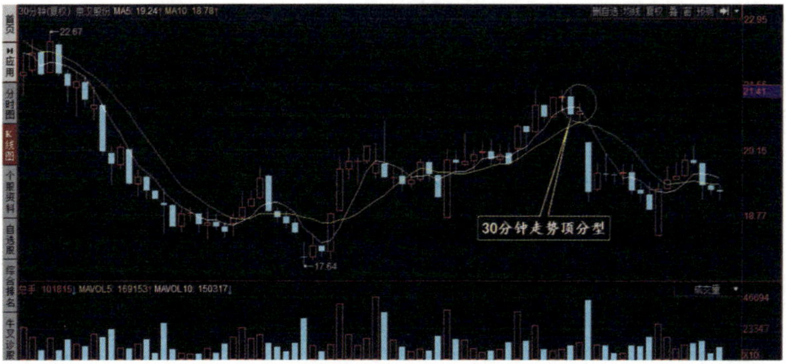

图3.3.4　在日线走势卖出时机大致确定的前提下，进入30分钟走势，顶分型卖出时机可以精确到30分钟走势的第二根K柱，比最高顶部只延迟了半小时

图 3.3.5　事实上，在交易股票的当时，当日线走势卖出时机大致确定后，可以直接进入 5 分钟走势观察，等待 5 分钟走势卖出时机的到来。图中标注的 5 分钟走势卖出时机，同时也是日线走势的最高顶部

以上用 3 幅走势图匹配文字，举例说明了运用“逐级逼近法”确定精确时机的具体操作，每一处都强调该走势属于哪一周期，就是表明走势周期在交易中的重要性。

一切的买入、卖出机会，都是相对于某个周期而言的，混淆走势的周期，像神经质一样乱进乱出，是产生亏损的一大源头。当然，最大的源头一直是无知、贪婪和恐惧。

第 4 节　走势合力中的作用力与反作用力

如图 3.4.1 所示，以上证指数随机的一次阶段顶部（2017-04-17）为例，简洁地说明在走势的演化过程中，是什么力量导致了走势在原方向的转折。

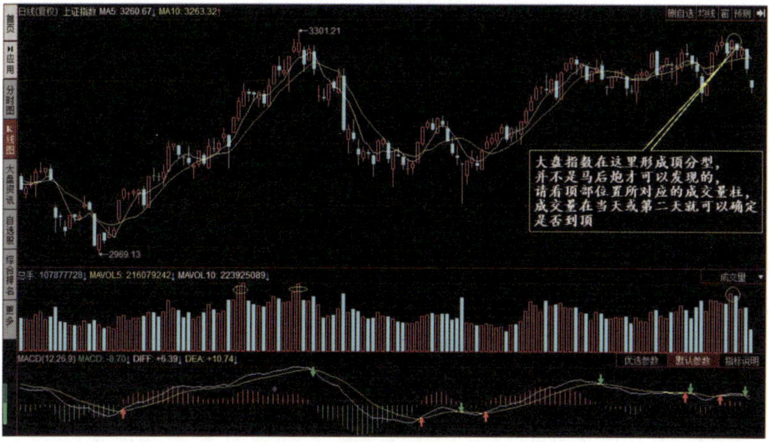

图 3.4.1　上证指数一次阶段性顶部的形成

上证指数在图中位置形成顶分型，并不是事后才可以发现的，请看顶部位置所对应的成交量柱，成交量在当天或第二天就可以确定是见顶。

再进一步说明这个问题：为什么成交量到阶段极限，股价 K 线就会极大概率见顶？

其中的因果关系毫不含糊，几乎是必然的。

（1）在股市博弈的双方，无论何种形式，最终只归于两种直接的实体——筹码、资金。在这两种东西之外，没有什么可以改变 K 线的任何细节。

（2）股价的上涨，是由资金源源不断地购买来支撑的。

（3）股价的下跌（K 线向下），是由筹码的抛售推动的。

（4）其中的相互关系可以简单地描述如下。假设市场可参与某股票的资金总量为 10 亿元，在该股票现在的价位下，如果没有人购买 1 股，也没有人卖出 1 股，则价格一定保持不动；如果有 6 亿元资金购买股票，则股价上涨，上涨带来的赚钱效应，吸引资金继续购买股票，剩下的 4 亿元资金也进入股市。股价到目前为止，仍然是上涨的，但是平静之下蕴藏着危险。

（5）危险是什么？在这个算术里，市场可参与的资金总量是 10 亿元，现在已经全部参与进去了，成交量达到了极限，再没有新的资金来购买股票。目前现状是：后续加入的股民账户上有市值 10 亿元的股票，却没有继续购买股票的做多资金了。这 10 亿元的股票，谁来购买？拿着股票不兑现为现金，所谓的盈利都是浮云。当初做多的 10 亿元资金，此时换成了市值 10 亿元的筹码，而这些筹码，都有卖出的需求，这就是做空的力量。

而此时市场做多的资金极度匮乏，因为资金都已经换成筹码了。当市场购买股票的资金量达到极大值，意味着后续接盘的资金贫乏。与此同时，有抛售意愿的筹码量积累到极大值，就是上涨走势衰竭，空头力量占据上风的顶部风险区。

（6）筹码持续抛出，换成了现金，股价连续下跌，在 K 线上表现为下跌的一段或下跌的趋势。后来，有做空意愿的股票基本上卖出，这时候的状况就是，卖出股票的股民账户里没有股票了，只剩下资金。没有股票，就无法做空，有资金，就可以购买股票，新一轮上涨的合力又可以逐渐形成。这就是走势的生机，如此循环往复。

没有资金（资金都买了股票了），就无法推高股价，再多的臆想也无法影响 K 线走势。

没有股票（有做空意愿的股票都卖了），就无法砸低股价，同理，臆想无法影响 K 线。

（7）当资金都进了股市，成交量达到极大值，就要面对持有筹码的股民把股票兑换成现金的大潮。进一步简化，可以表达为：所有做多的资金，终究会转换为做空抛出的筹码，当初做多的资金量越大，将来附带了做空意志的筹码就越多；反过来也同样成立，当有做空意愿的股民把股票卖得差不多了，股价很低，成交量也很低，逐渐就置换出充裕的资金来购买股票，推高股价。代表了买入意愿的资金量与具有抛售意愿的筹码量，在任何股票的走势上，构成了一组作用力与反作用力的关系。

以上就是 K 线走势背后的筹码与资金的作用力与反作用力关系，也是 K 线语言的基本语法。此消彼长，无可避免地形成一轮又一轮顶、底分型，多、空合力的转折，其中，量，决定了价。一切无视量价关系的买入卖出，没有例外都会被走势里那一根根密集的绿色 K 线教训。

关于量价关系，还需要指出两个重点。

其一，当股民的资金在上涨途中陆续买了股票，账户里没有现金的时候，抛售股票的行为是绝对一定的，剩下的只是何时抛售的问题。

其二，无论是在高位还是低位，把筹码兑换为现金的股民，再用现金去购买股票的行为，是不一定的！是不一定的！重要的事情，重复一遍。

这种不对称的行为，就是股价下跌容易、上涨难的根源，也是 A 股牛短熊长的根源。

股市里的“量”，由人类的自私、贪婪和恐惧驱动。市场的资金总量虽然庞大，可是它的反向作用力也是同等级别的市场筹码总量——附带抛售意志的筹码量和附带着贪婪的资金量，两者在股市里是方向相反、数量对等的，它们之间的作用力与反作用力关系，驱动了K线走势的“价”。

下面用雄安板块指数走势举例（如图3.4.2），说明筹码与资金这一组作用力与反作用力在合力中直接塑造出了走势图形。（以下内容引用天涯社区股市论谈原文）

2017-05-02　14:20:26

雄安板块，30分钟走势短线将见顶，就是现在，看到这一点，没什么稀奇的，量决定了指数的波动而已。

2017-05-03　10:16:55

实践，是检验一切的标准。昨天下午所说的雄安板块30分

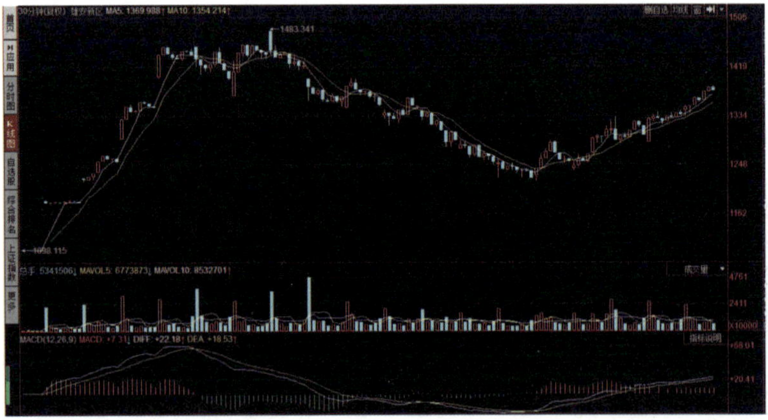

图3.4.2　雄安新区板块指数30分钟走势图，截图时间就是走势到最右边位置的时候

钟短线将见顶，并且特别加了一句“就是现在”。如图 3. 4. 3、图 3. 4. 4、图 3. 4. 5，各位可以看下指数 30 分钟短线顶部的杀伤力。

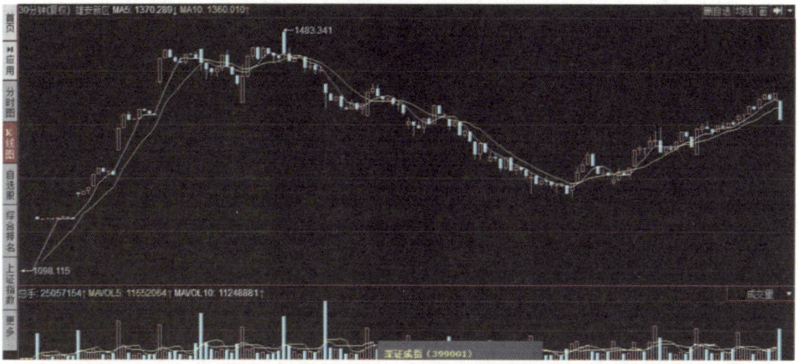

图 3. 4. 3　雄安新区板块阶段性顶部形成

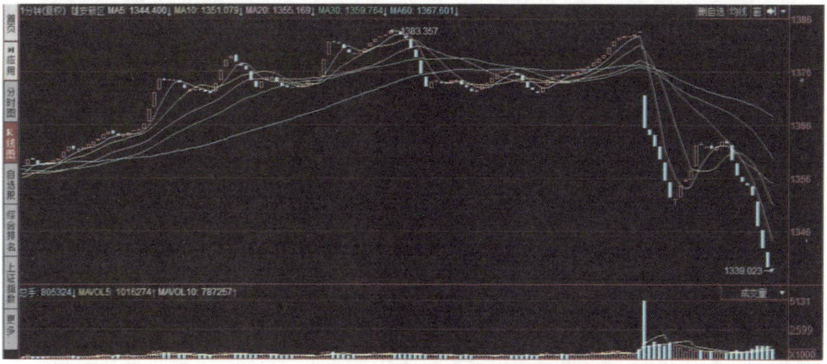

图 3. 4. 4　雄安新区板块指数放大版，1 分钟周期的走势

同花顺指数 | 行业指数 | 概念指数 | 大盘风向 | 地域指数

	代码	名称	涨幅%	现价	主力净量	主力金额	涨跌	涨速%	总手	换手%	量比	所属行业
1	000605	渤海股份	-10.00	35.37	-1.27	-5503万	-3.93	-0.92	15.42万	12.51	4.02	燃气水务
2	000923	河北宣工	-10.00	38.07	-1.26	-9643万	-4.23	-2.41	16.60万	8.36	3.83	专用设备
3	601258	庞大集团	-9.89	3.37	-0.06	-1294万	-0.37	+0.00	227.6万	3.51	5.66	交运设备服务
4	600550	保变电气	-8.34	10.55	-0.70	-1.04亿	-0.96	-2.32	49.46万	3.59	2.69	电气设备
5	002342	巨力索具	-8.39	11.14	-0.78	-7839万	-1.02	-3.22	60.56万	6.99	4.03	通用设备
6	002282	博深工具	-7.99	20.62	-2.00	-7887万	-1.79	-2.41	22.14万	11.78	7.35	通用设备
7	002457	青龙管业	-7.92	21.73	-1.21	-6844万	-1.87	-2.03	28.98万	11.40	2.64	建筑材料
8	600095	哈高科	-7.80	10.05	-1.54	-5608万	-0.85	-1.47	26.98万	7.46	11.79	房地产开发
9	300075	数字政通	-8.00	26.80	-2.26	-1.69亿	-2.33	-2.90	24.25万	8.97	3.07	计算机应用
10	000615	京汉股份	-7.63	19.36	-2.01	-1.42亿	-1.60	-2.27	34.84万	9.80	2.90	房地产开发

图 3. 4. 5　雄安板块顶部形成过程中，所属个股对应的跌幅

附带的1分钟走势图，实际上就是卖出个股的操作依据，可以把精确性提高到极致。

举例这个板块指数，是为了证明看似杂乱的K线走势必定在某种局限之中，可以被人们科学地去认识其规律。在学习炒股的过程中，不要在虚无的东西上浪费时间，能够作为即时买卖参考依据的，只量与K线而已。

对照上图的K线与成交量，如果抛开个人账户的盈亏不论，单纯站在旁观者的角度，理解走势的涨跌，非常简单：

资金量的推动，即集体买入的行为，导致了走势的上涨，与此同时，资金也转化成筹码；

当资金量达到自身极限，后继无力，此前积聚的筹码开始卖出，筹码量的推动，即集体卖出的行为，导致了走势的下跌。

问题的难点在于，简单的股价涨跌一旦与账户盈亏紧密挂钩，就会极大干扰股民作出决定，明显知道走势触顶下跌，却因为账户亏钱不愿卖出，或者因为账户盈利了，要么无所谓，要么想赚更多的钱，迟迟不愿卖出。然后，就在一轮又一轮的波动中错过了有利的买卖时机，已经盈利的打了水漂，已经亏损的损失了更多。

第5节 K线走势的根本结构

股价走势不由任何“物质”决定，亦与自然现象、神秘现象无关，只会被股市参与者的利益决定。既然人类在股市里的贪婪、恐惧在本质上对任何人都是相同的，那么这一方面的因素就可以大体上相互抵消，剩下的就是能成为不同股民之间，可以构成巨大差别的地方——互相矛盾的利益与大小悬殊的实力。由此可知，在股价走势的合力之中，对走势影响最大的，必定是该股票众多“股东”中，实力最强的主力资金。

虽然每一个股民都试图让股价朝自己最有利的方向发展，但是客观上，股价走势必然会最大程度符合主力的利益。以股票交易市场一直以来高投机性、高波动性的情况去看，一个能导致绝大部分其他参与者亏损的走势，才是最符合主力的利益的，这是他们获利的必要条件。只要主力存在，就会一直维持这种理想的走势，从体量巨大的正规机构到老谋深算的敏捷游资，不同级别的主力在各自的轨道上维持着能够实现自己利益的走势，形成了不同周期、具有自相似性的 K 线波动。

由此可以试探性地讨论一个问题：股民研究股市，要以什么为切入点？

政策？基本面？技术指标？个人喜好？

客观的现实是，在任何一只股票的 K 线走势上，只需几根 K 线的上上下下，就可以完成天量的财富再分配。在如此巨大的利益面前，所有虚无缥缈的信息和臆想都是扯淡，只有人的利益高踞道德与规程之上。在一系列相互矛盾的利益群里，当然以实力最强的主力利益排第一位，其余的依次靠后——抓住了“人的利益”这个核心因素，就抓住了走势的根本，在“切入点”这个问题上，“谬以毫厘，差之千里”。

寻找股价走势的根本结构，就是寻找能够影响股价走势的根本源头。现在我们可以知道，什么样的走势能导致绝大部分股民亏损，并让少数主力获利？找到这种走势，就找到了股价运行的根本结构。市场里没有利益真空，大大小小的主力会在自己的势力范围内倾力维护这种结构，尽己所能，保证让它一遍又一遍地重复出现。

由以上分析，可以进一步提出接近真理的问题：股价走势如何运动，才能让绝大多数股民亏损？

股价必须以折线的形式运动，才能让正确持股的买家提前兑现盈利出局，同时让错误持股的买家放大亏损，如图 3.5.1、图 3.5.2 所示，“折线结构”就是 K 线走势的根本结构。

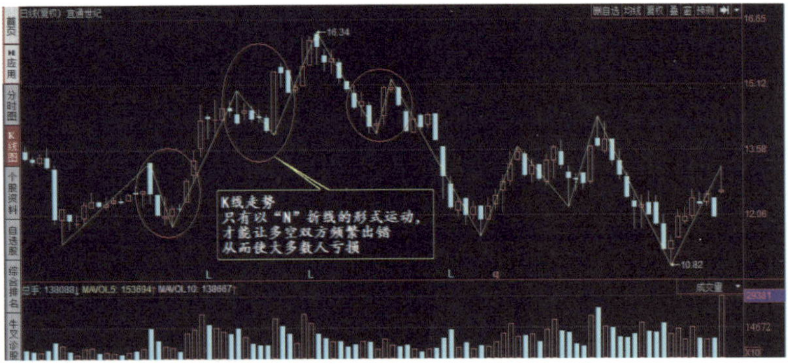

图 3.5.1　股价走势只有以折线结构的形式运动，才能让多空双方频繁出错，使大多数人亏损

限于篇幅，图例不过多列举，随便打开某只股票的走势图去看，都存在着这种由多个顶、底分型转折而来的“折线结构”。

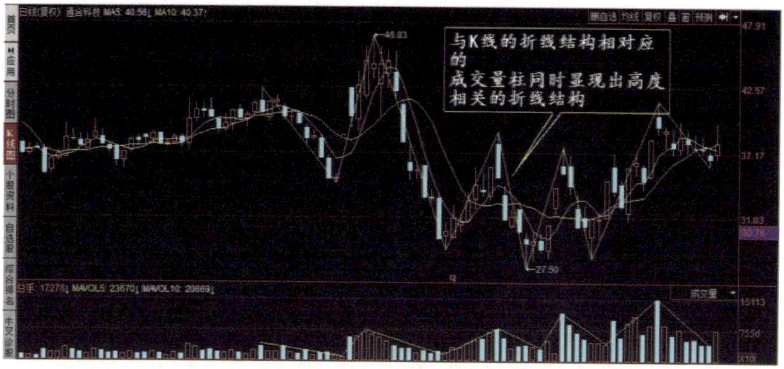

图 3.5.2　与 K 线走势同步对应的，是成交量柱也显示出高度相关的折线结构

从同类博弈的角度去看，K 线走势只有以“N”形折线轨迹运行，才能让多空双方频繁出错，从而使大多数人亏损。

具体的情况，如图 3.5.3 所示，在一个上涨走势刚刚确立，形成“N”的第一段，多头看涨买入，却立即反转下跌，不惜花费不菲的成本，构造出“N”向下的第二段，迫使持股者出局。

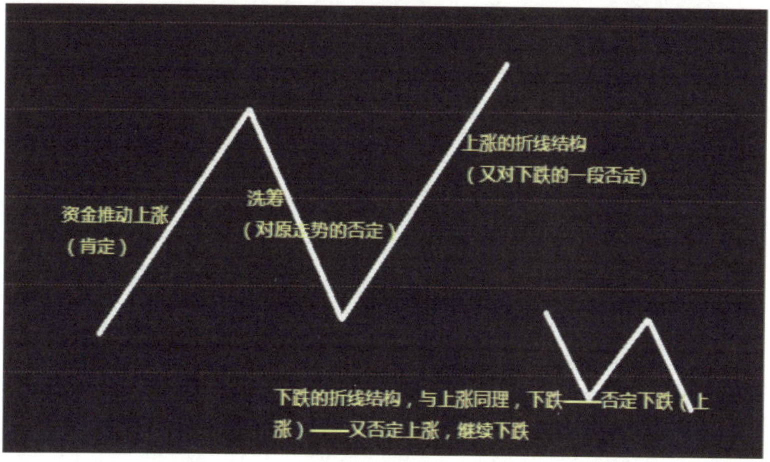

图 3.5.3　“N”折线结构的“肯定 - 否定 - 肯定”循环

如果出局的资金量不够多，继续反向操作，直到大量多头自我怀疑为止，然后持仓者大量卖出看空，走势再次反转向上，形成“N”的第三段。

下跌走势以此类推，把“N”折线反过来看就是。在一轮下跌走势的中途，大量股民看跌准备做空，走势反弹拉高，吸引资金的注意力。空头再次怀疑自己看错了，持仓买入，坐等上涨。此时走势留下一个尖尖的顶分型，迅速掉头向下，继续原来的跌势，在下跌走势中构造出一个反向的“N”折线。

有一个重点需要单独指出，仅仅凭借股价的折线结构，对转折的顶与底准确把握的难度较高，欲求解折线的顶、底，还需要联立另外一个方程式，就是笔者反复强调的“成交量”。

如上文的图 3.5.2，同时标注了股价走势与成交量的双重折线结构。当然，这个图例是以该现象在实际走势中普遍存在、高度相关为前提的。

之所以用成交量走势辅助看 K 线，有以下几个方面的实际意义。

（1）成交量没有经过任何公式换算，是完全可靠的第一手信息，与价的变化直接挂钩且绝对关联。

（2）股价走势的高低跨度较大，几乎上不封顶，下无铁底，单凭股价走势，几乎无法确定何处是高、何处是低，只有相对模糊的高、低。但是成交量的可变化幅度就很有限，“天量”与“地量”一目了然，上有“天量”封顶，下有“地量”支撑。以成交量容易确定的顶、底，结合股价走势难以确定的顶、底，联立判断，可以极大地提高在走势折线运动中的捕捉顶底的成功率，以K线走势结合成交量联立分析，将准确率做到80%都容易。

成交量是股价变化的内在动力，其高低变化几乎等同于股价的高低变化，其中的对应关系虽然没有直接写在走势图上，但只要有一定的经验、知识就能阅读明白。重视量的分析，就相当于抓住了股价变化的牛鼻子，把经常大幅运动的股价折线钉在了一个只能小幅运动的成交量坐标上。

走势的折线结构，在各个周期同样具有相似性，普遍存在。一言以蔽之，“一个能让大多数人亏损，让少数有能力影响市场的人利益最大化”的走势，能够获得最大受益人的极力维持，成为股价走势最稳定的结构。只要主力存在，这个结构就是走势的根本结构，即使现有的主力全部消失，市场中成长起来的新主力也会再次建立、维持“N”形的折线结构。分时图、日线图上莫不如此。

K线运动的背后，唯有人的利益在驱动，只有让股价曲折前进，才能达到让多空双方频繁出错的目的。如图3.5.4、图3.5.5所示，在分时走势上同样显现出相似的折线结构。

股价走势，最终可以简化为大大小小的股价与成交量“N”折线结构。在这个前提下，前文所用的工具“走势、趋势”“背离”“背反”“MACD面积”“弦”等，都可以化繁为简，只保留“走势中继”就可以了。前文所说的低阶买点、中阶买点、高阶买点，都可以统一简化为折线结构的底分型买点。

股价走势与成交量双重折线结构在实践中的应用价值，就是

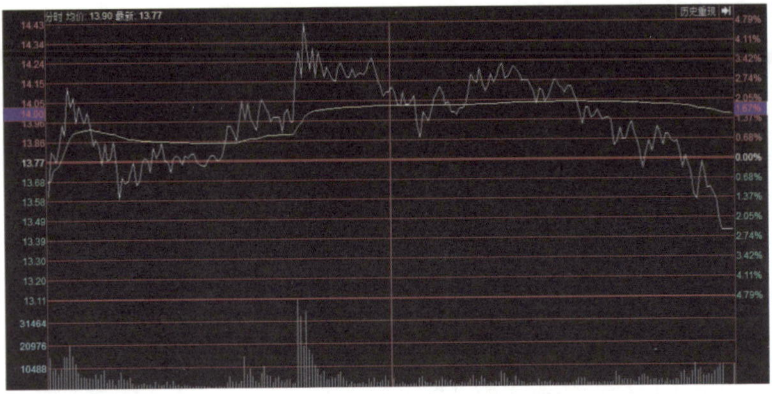

图 3.5.4　主力资金的利益，往往通过分时走势的折线结构来实现

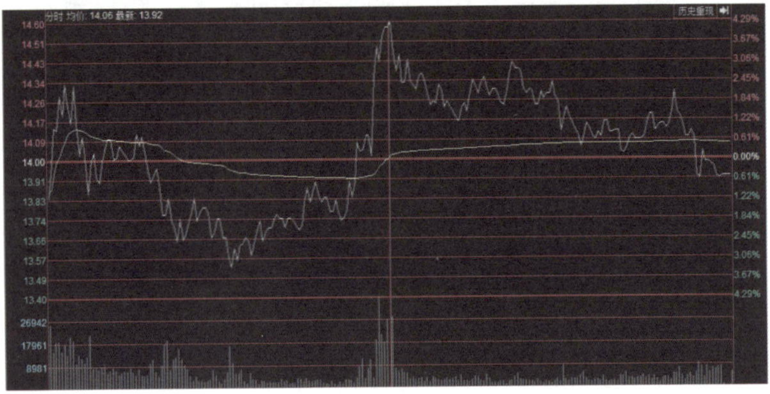

图 3.5.5　分时走势折线结构

用多周期联立分析，识别“N”的顶部，回避折线可能向下一段（量价顶分），把握住折线结构中向上的一段（在回调的底部买入）。如图 3.5.6 所示。

成交量与股价走势每一次的顶、底分型高度关联、反应灵敏，股市里再没有比这个更接近于确定性的依据了。

折线结构的具体应用，以主力资金控盘的股票中富通（图

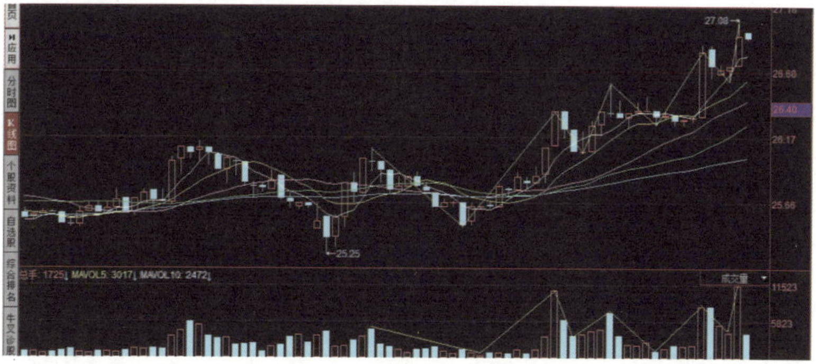

图 3.5.6　由折线结构的性质，可以把股票交易简化为：在折线结构向上的一段走势持股，并回避向下的一段走势

3.5.7）为例说明。

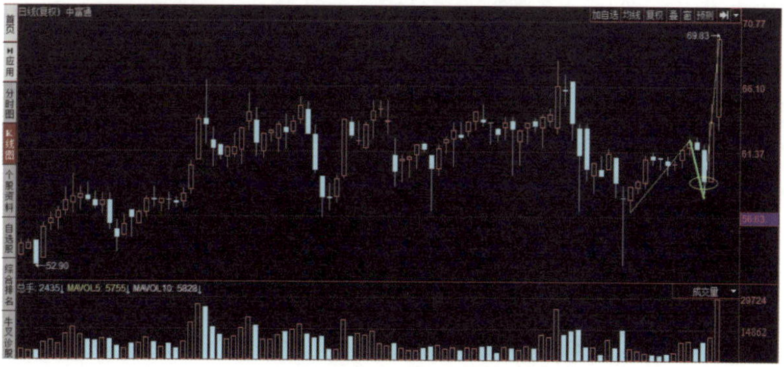

图 3.5.7　中富通 2017 年 6 月下旬的走势

图 3.5.7 中在走势上标注了由“上、下、上”三段构成的折线，圆圈标注的位置为折线结构的底部，是买入位置。问题是，现在回过头去看，在这一个上涨的走势中，如果没有出现由两天下跌构成的第二段（图中绿色的粗线），而是直线上涨，本轮行情就很好把握，前期看涨买入的资金几乎都会持股待涨，然后到高位都变成抛盘，顺利卖出。

问题就在这里，大家都在低位持股待涨，谁出钱拉升股价？

出资方拉升股价，难道是为了让与自己利益无关的其他股民获利？

数量太多的资金都想在高位获利卖出，谁来买股票？

如果股价以直线形式运动，在这几个客观问题下，是没有人会来拉抬股价的，股价走势只有以折线的形式运动，才能解决以上几个问题：

（1）上涨走势确立之后，来一段下跌，否定之前的上涨，多头会认为自己错了，迫使持股者卖出（止损或止盈），低位待涨的资金大量消耗；

（2）在这一轮调整当中，主力获得机会，再次获得大量筹码，后面的上涨才能获利最大；

（3）走势再次转折向上，又否定了之前的下跌，让空头也认为自己错了，为下一步在高位追涨接盘（前面看涨、看跌两方都纠正自己的“错误”）创造了条件。

以“直线运动”去理解走势，会被走势轻易折腾，以“折线运动”理解走势，就如同庖丁解牛，可以利用折线运动产生的买入、卖出时机收获交易的利润。

4

Chapter

股票买入、卖出的时机

第1节 股票买卖时机初论

散户们大多数在股市都是亏损的，究其根源，就是出现可买的时机无动于衷，到了该卖的时机也无动于衷，或者虽勤奋交易，却把买和卖的时机搞反了。

沿着散户的操作习惯去分析，具体是怎么样搞反的？

低开+跳水，你是不是就吓得卖了？因为你认为自己到股市是来赚钱的，可不是来亏钱的，跌了就赶紧卖。那么，再进一步想一下，你卖掉的筹码，是谁买走了？

高开+拉升，你是不是兴奋地马上买了？因为涨了可以获利啊！上涨了赶紧买，那究竟是谁把筹码卖给了你，然后拿着你的真金白银走了？

股市一切盈利和亏损的终极秘密，仅仅在于买与卖的时机而已。一切人为的消息、欺骗、陷阱、诱惑，全部围绕搞反对手盘的买卖节奏而设计。

股票的买入、卖出时机，集中了关于股票交易和股市喜怒哀乐的一切，一万个人，有一万种以上的所谓买入和卖出标准。这里主要说一下其中的两类，即以个人肤浅的喜好为依据的买卖时机和以冷峻的理性为依据的买卖时机。当然，没有人生下来就交易股票，刚开始时，任何人炒股所凭借的经验，都是从其他行业移植过来的，也就是从个人喜好开始，喜欢的就买，讨厌的就卖。

每天展现在你面前的股价走势，你最喜欢的是哪种类型？你最讨厌的又是哪种类型？这是原始的直观，股民面对 K 线走势，都难以遏制内心世界强烈的偏好。如图 4.1.1 ~4.1.6，所有关于

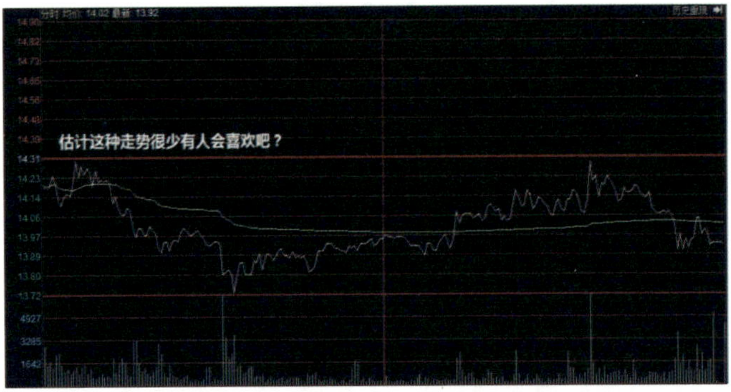

图 4.1.1　分时走势震荡下跌，刺激股民卖出筹码

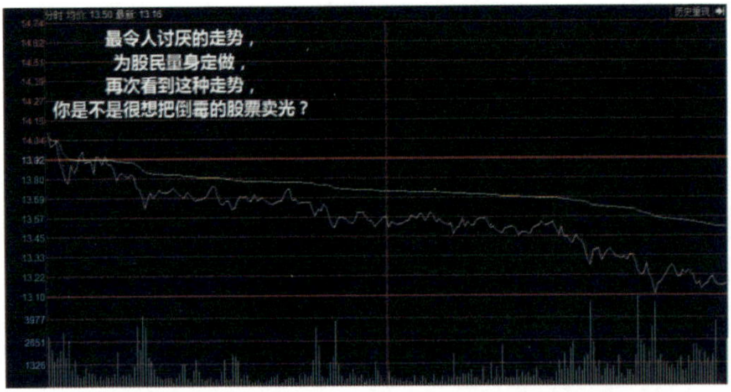

图 4.1.2　强烈的单边下跌走势，进一步刺激相对坚定的股民卖出

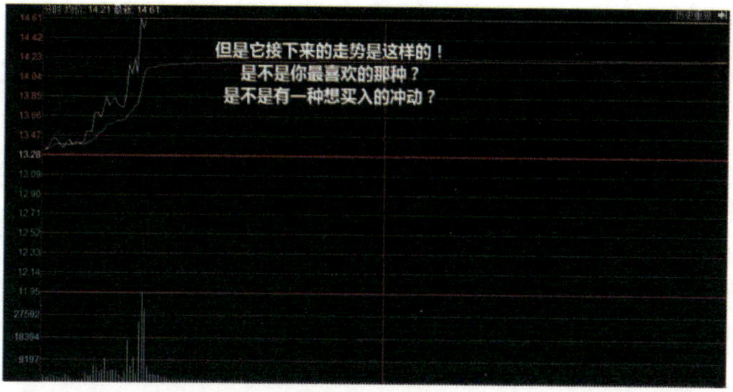

图 4.1.3　前一天还是强势下跌，突然出其不意封上涨停，快速收复前面的跌幅

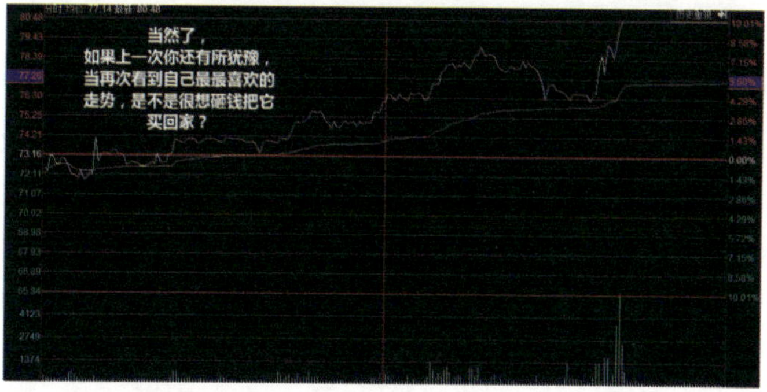

图 4.1.4　尾盘再次涨停，令多头兴奋，也让前面在低位卖出的股民后悔不已，最终被贪欲牵引，不顾一切地买入

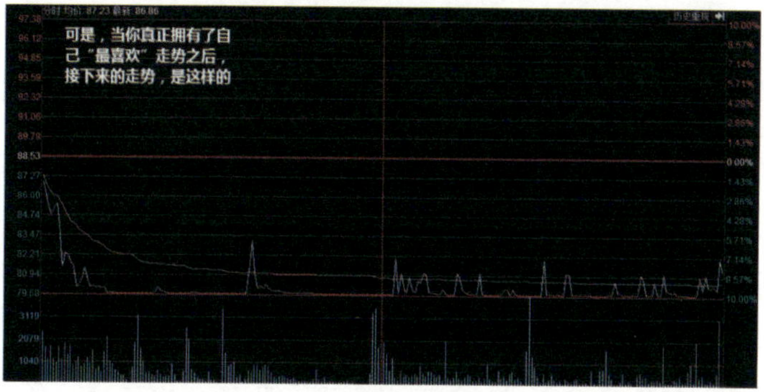

图 4.1.5　在前面的高位换手中，主力资金获利撤退，剩下的都是附带做空意志的筹码

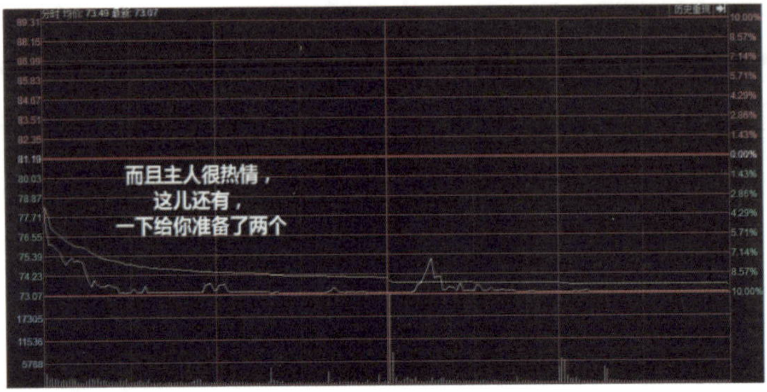

图 4.1.6　在做多资金与待售筹码的力度对比中，做空的合力处于绝对优势，走势继续下跌

股票交易的利益博弈和矛盾冲突、天堂与陷阱，都从这里开始，也只能依附于此，从而获得无法磨灭的生命力，不需要借助任何外力维持，而人性的强悍与脆弱也在此展现。

以上为典型的股市交易剧本，并非某只股票、某一天行情的特例，股市里每天上演的，几乎都是这个剧本的雷同版。参与这个剧本演出的，是庞大的免费股民演员，暂时借用一下常识，就把这个群体简略地分为主力与散户两大阵营（这里所指的主力，是相对于普通股民来说，某段时间对股价有明显影响力的大资金操盘者，虽然主力无法长久的、绝对地左右走势，但可以短暂的、相对地影响股价）。

当一轮交易结束后，可以回过头来清点一下：

从散户的角度，你终于打消疑虑，买到了自己最喜欢的那种走势类型，但最终真正拥有的是什么？当你无法按捺自己的厌恶，一口气卖光了自己最讨厌的股票，你的欣慰情绪维持了多久，又转为沮丧？

相反，从主力的角度，他们在付出成本做出与普通股民喜好相反的走势时，买入、卖出时机的依据是什么？

同样的买入和卖出行为，大部分股民以感性丰富的个人喜好为依据，只有一小部分成功的股民凭借数学般的冷峻理性交易——人的肤浅喜好通过针对性的训练，是可以颠倒过来的。比如猴子天性怕火，但是经过马戏团训练的猴子，却可以改变天性，喜欢钻火圈，因为每次钻火圈，不但没有烧坏屁股，还会有香蕉奖励。重复的次数多了，就形成了与从前相反的、全新的喜好。克服简单原始的个人喜好与厌恶，就是一个训练自己适应股市正确买卖时机的过程。

买入时机，总是在某周期底分型或底分型附近产生。确定这个时机的过程，就是从大级别的周线、日线底分型，逐级过渡到30分钟、5分钟的，甚至可以在分时图上找出最精确的买入时机所对应的那个底分型位置。同理，卖出时机，总是在顶分型附近产生——从逻辑上来说，没有任何一只股票上涨，能跳过底分型而独立存在，也没有任何一只股票的下跌，能越过顶分型而突然发生。这就是股价走势的局限。

即使是“右侧交易”，追高强势股、主升浪，也只有在距离顶分型还有一段向上的幅度时买入，才可能产生盈利。由此可以得出，能够产生盈利的安全买入时机，就是在合力向上的一段走势里，由涨势回调产生的底分型附近。从这里引出的另一个问题就是，在实际交易中，能够确定为底分型，并引起买入兴趣的时候，距离绝对的底部往往已经上涨了一个幅度。这时候是否仍然可买，取决于该股票从本次底分型到顶分型之间向上一段走势的幅度。那么新的问题又产生了，在这个位置，顶分型是尚未出现的，属于对未来走势的预判。未来顶分型的大致位置，从上一走势周期位置、成交量、个股历史走势、所属概念板块、近期大盘环境等方面，可以找到答案。——至于判断的准确度，是个人水平高低的问题，但依此程序决定是否可买，是原则问题。

买入、卖出时机的综合判断，不能脱离走势力度和走势周期孤立地去看，原则上不要在均线向下的走势里寻找买入时机。因为下跌的走势里，底分型之后，遇到更低的底分型概率极大。前文所强调的，安全买入时机存在于均线向上的走势里，但无论如何，顶底分型，必然是进入正确的操作需要抓住的第一个关键。

股票交易的一切知识和经验，最终只能落实到买入时机和卖出时机这两大焦点上。为了应对“如果我错了怎么办?”和“买入后下跌怎么办?”这种问题，只需要在“买入时机”上附加一个条件，即自动止损。一个匹配止损的买点，才是合格的买点。从看涨的角度，通常情况下的股票买点，是下跌力度衰竭，多方刚刚占据上风，比操作周期大一级的走势底分型形成之时，如果在这个位置买入，走势如预期，可以收获涨幅；一旦走势转折为下跌，如果事先没有给该买点匹配一个合适的止损位置，情况将会非常被动，甚至束手无策。——一个没有附带明确止损价的买点，是一个不合格的买点。虽然股市里所有的买入行为，都是抱着“充足”的上涨理由，但任何情况下，股票的上涨不是绝对的，股价走势有上涨、下跌两种可能才是绝对的。深刻认识到这一点，每次买入都在有限的下跌幅度附带程序化止损，截断账户资金向下回撤。如此操作，就可以把不能绝对确定的上涨、下跌，通过程序化的绝对止损，转换为资金账户的绝对性增长。因为当你做对的时候，盈利幅度有小幅、中幅、大幅盈利三种可能；而做错的时候，亏损的幅度只有小幅亏损这一种可能。

依托一个有力的止损点，其买入时机本身，包含了几个要素：对“意外”状况的处理，买入该股票的时机，对卖出时机的预设。一个买点，就像一颗种子，虽然目前微不足道，但是未来走势和对应的操作如同根、茎、叶，花、枝、果，都已蕴含其中，时节一到，一切自然开放。

本交易周期，涨上去只考虑到没到卖出时机；相反，本交易周期，跌下来只考虑到没到买入时机。大部分情况，买入时机只存在于相对底部，卖出时机只存在于相对顶部。买不到或卖不到绝对顶、底很正常，但是买入、卖出的基本原则不能颠倒。

亏钱的做法就是与此相反的操作，涨高了，“觉得”这股票大牛，赶紧买；跌下来，“觉得”所持股票垃圾透顶，再也不想见到它了，闭眼卖。在股市经常亏钱的股民，对照一下，是不是这么干的？炒股进步的过程，就是深刻理解买入、卖出时机，扭转错误操作的过程。

综上，可以把股票交易流程简化为以下几个标准化动作。

（1）买入时机预选。把日线接近于买点的股票加自选，等待它的30分钟走势进一步接近买点。

（2）等待精确买点。在一系列的日线买点股票池里，等待最先出现 5 分钟、分时走势买点的股票，匹配好止损点，买入。（以短线为例，止损幅度一般建议在 5 个点左右，幅度太大无意义）

（3）等待卖出时机。卖出股票，有两种情况：买错了卖出和盈利卖出。前文的问题：如果下跌了怎么办？现在这个问题在买入时已经预设好了，不需要问“怎么办”了。下跌到预设的止损位置，按计划卖出，而且这个卖出位置是在买入前自己在心理上可以接受的。

（4）盈利。买入后的走势，只要排除了下跌这一种，剩下的就是盈利了。根据量价关系、多周期联立确定顶分型，有一个“卖出时机”在等着它，按键，卖出。

在这一过程中，等待，就是股票买卖的精髓：等待买入时机的出现，买入持有；再等待卖出时机的出现，当它如期而至，就卖出。这里的“等待”，是一种心境和信心，没有兴奋，没有恐慌。

进一步需要说明的另一个关键就是，所谓的“卖点”，不一定是赚了多少点卖出，才是卖出时机。如果它只是一个盘整，那么没有盈利也要卖出。凡是在你的操作周期内，不值得继续持有的股票，都是应该卖出的。这种位置，就是卖点。

买股从两个方面着手，即上涨合力峰值和下跌合力衰竭。这两个方面分别对应着贪婪的心理力度和恐惧的心理力度。从超短线的角度，所谓的买点，一个是势，一个是安全。二者必居其一，或者二者兼有。

由下跌合力衰竭产生的买点买入，到上涨合力衰竭产生的卖点卖出，眼里只有买入、卖出时机，没有其他。为什么这么强调买、卖时机？因为有利的时机解决了交易的“节奏”问题。踏准了节奏，盈利自然而然。

能够以冷峻的理性，正确把握买卖时机的，是人性的修养在背后支撑。这个方面，无法言传，只能在实践中逐渐成长。资金账户没有经历过几次刻骨铭心的大幅盈亏，基本上无法体会，也仅仅是听别人说重要，所以也觉得重要。

研判 K 线系统，能够解决的就是一个买、卖时机问题（复杂点的，有仓位控制），但是买点之前的持币等待，买入之后的持股等待，卖点出现的坚决离场，处处无不体现人性的纠结和自控力。扪心自问一下，买入时机出现之前，有没有害怕踏空急着买入？买入后，一个小的回调，有没有失去耐心马上卖出？卖点出现，有没有贪婪而不卖出？触发预设的止损，有没有臆想走势马上反转而不卖出？投机市场，最终比拼的就是人性的修养，解读 K 线语言只是基本功。

第 2 节　解读走势细节

前文从基本观点的层面解读了应该如何去把握有利的买卖时机，但在付诸行动的实践中，仅凭正确的战略方针，仍然是不够的，需要对股价走势的细节有更深入、更全面的理解。体量庞大的股市，被人类的贪欲和恐惧依附，其日常运转如同洪荒巨兽，亦如高速运转的机器，“顺之者昌，逆之者亡”，即使国家政府、国际组织，对这头巨兽都经常无可奈何。

单个的股民无法主导股价走势往自己愿望的方向发展，从股市获利的途径唯有“乘势”。将股价走势的宏观大局与微观细节看得清晰明白，才能做到进退有度。如同在战场上，仅有英明正确的统帅，却没有军事过硬、训练有素的士兵，实现目标便成空谈。股市里，统帅与士兵则由股民一人兼任。在前文理清了股价走势的形态和力度、根本结构和买卖时机的基础上，进一步全面通晓走势演化的细节，才能把买入卖出的时机在实际操作中落实到位。

关于走势演化的细节，首先就是分时图。如果每天看盘，大部分时间所要面对的就是个股和大盘的分时走势，股价走势上红红绿绿的日线 K 柱，只是对每天分时走势简明扼要的汇总记录。通常情况下，股民买入卖出的决策、心理情绪，极大程度上被分时走势所左右。分时图相当于 K 线走势的微观结构，只有更多地理解分时走势波动所表达的有效信息，才能通晓 K 线走势准确的含义。

分时图（如图 4. 2. 1）是股价运行和成交量最原始的表现方式，一只股票里主力资金的所有动作都必将通过分时走势表现出来，绝对不可能跳过分时图。所有的计划与目标，也在分时走势上付诸实施，尤其在超短线买卖时机分析上，第一个要面对的就是分时走势。

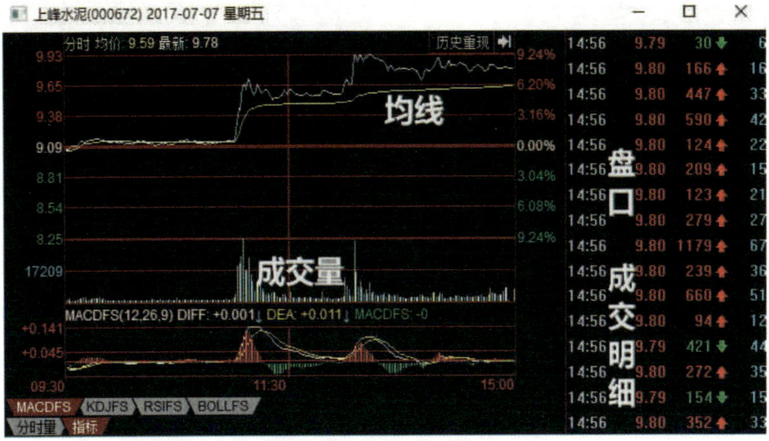

图 4.2.1 分时图界面

每一种分时形态和成交量都在表达市场合力、主力资金的具体意图，一切皆有原因，没有平白无故的拉升和砸低。在实际走势中，分时图形态多样，即使是相同的图形，处于日 K 线不同位置，所表达的含义（主力意图、量价关系）也不一样。下面举例几种情形，给分时走势的理解提供一个方向，但不要据此而成为教条主义。

分时走势作为日 K 线的微观结构，如果在日线或 30 分钟级别走势上临近合格的买点，可以进入分时走势寻找具体的买入时机。

一、超短线分时走势的买卖时机

1. 均线支撑（如图 4.2.2）

接近式支撑：指分时线由上向下运行到均价线附近时就反弹

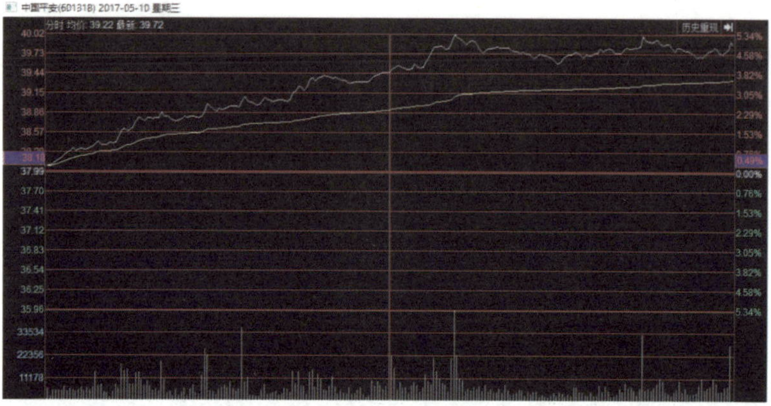

图 4.2.2　分时走势向上，并一直处于均线上方

的走势。

相交式支撑：指分时线向下运行与均价线相交的走势。

跌破式支撑：指分时线向下跌破均价线后，在较短时间里又被拉回均价线之上的走势。

以均线支撑为买入参考时，应该审视该股中长线的走势是否有获利的空间，有获利空间股票才可操作。

2. “V”字尖底（如图 4.2.3）

“V”字尖底指股价急跌，被快速拉起，分时线形成一个“V”字形态。其特征如下：

（1）该形态出现前，应是平开或低开，其后出现急跌的走势；

（2）该形态最低点的跌幅不能少于 2%，低点停留的时间不能超过 3 分钟；

（3）该形态形成前，分时线一直处在均线之下所形成的

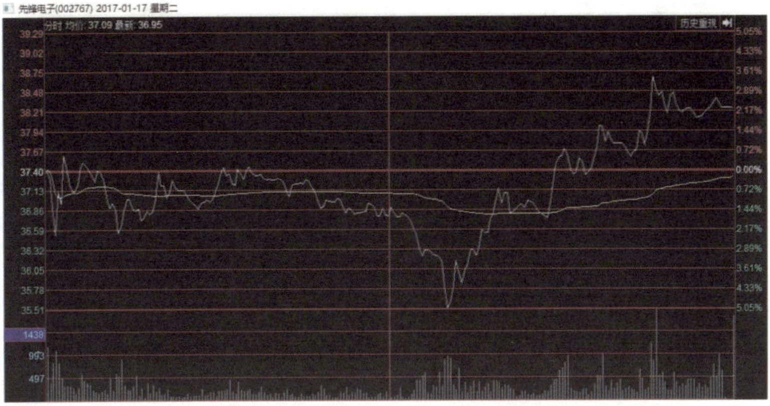

图 4.2.3　股价向下大幅跌破均线，又快速拉回，收盘在均线上方

尖底。

有以下几点需要注意：

（1）该形态的底部低点必须是负值，且下跌的幅度必须大于 2%（下跌的幅度越大，则收益就越大）；

（2）要注意该形态的分时线与均线之间距离；

（3）理想的是分时线与均线之间距离（乖离率）必须大于 0.5%，其距离越大，则收益就越大。

3. 向上突破平台（如图 4.2.4）

为防止假突破，买入前预设好止损价位，如果情况不如预期，第 2 天及时卖出。

在一个交易系统中，会出现多个“向上突破平台”的走势。第 1 个“向上突破平台”出现时，应该第一时间买入；第 2 个“向上突破平台”出现时，如果涨幅不大，也可买入；第 3 个“向上突破平台”出现时，应杜绝买入。

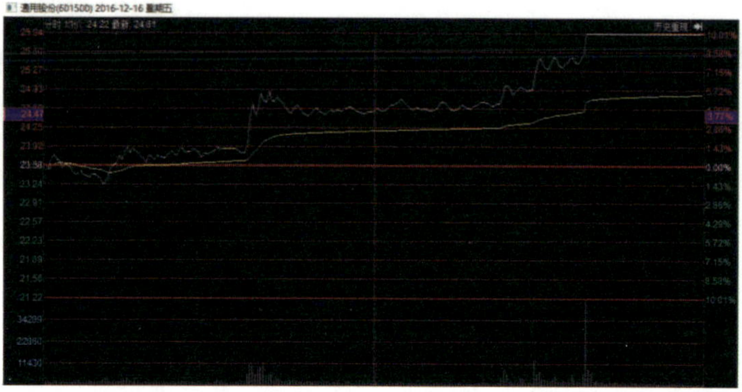

图 4.2.4　分时走势多次向上突破盘整平台，创出当天新高

4. 双平底（如图 4.2.5）

双平底指股价经过一段下跌后，在低位出现了两个同值的低点，这两个低点就叫双平底。

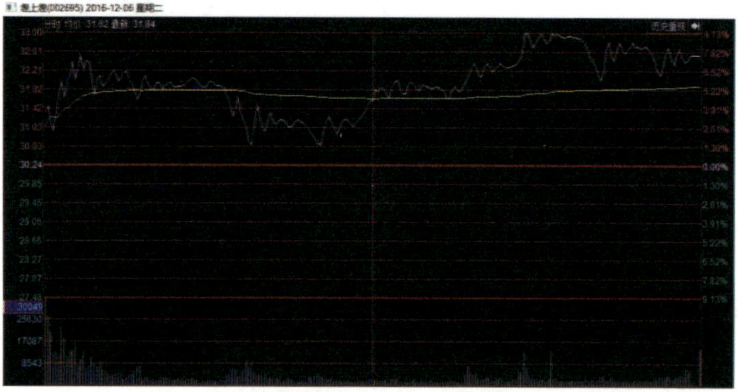

图 4.2.5　双平底证明向下做空的力度非常有限，极大概率就是把当天向下的走势逆转为向上

双平底的特征如下。

（1）股价下跌的幅度较大，一般要大于 3%；

（2）两底的底点应等值（第 2 底略高于前底也可，但绝不能低于前底）；

（3）第 2 底出现后，分时线必须反转向上，且要超过均线或“颈位线”，此时才可是“双平底”。

有以下几点需要注意。

（1）双平底最佳买点有两处：①第 2 底部出现后，分时线与均线的交点；②分时线向上突破颈位线的位置。

（2）双平底形成时，分时线必须始终处在均线之下，即第 1 个底部与第 2 个底部之间的分时线不能向上穿越均线。也就是说，两个的低点及两底之间的颈线位高点，均只能处在均线之下。

（3）双平底有小双平底和大双平底，均可做多。

5. 出货图形

（1）上涨阻力较大，多空混战，在分时走势高位形成“M”形顶部，多方能量消耗，空头开始发力，应及时了结（见图 4.2.6、图 4.2.7）。

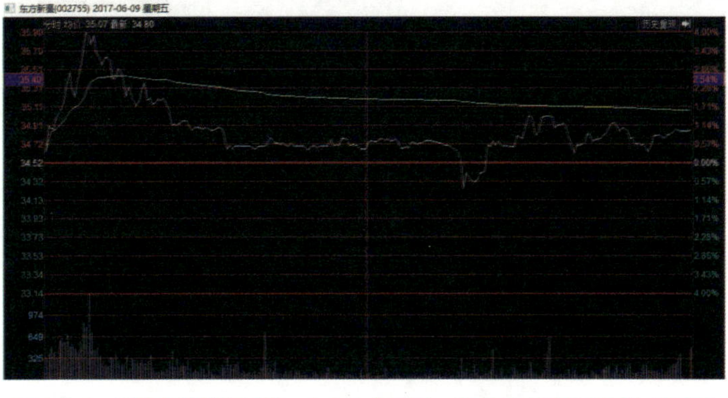

图 4.2.6　股价走势冲高回落，向上走势受阻，短时间内形成“M”形双顶

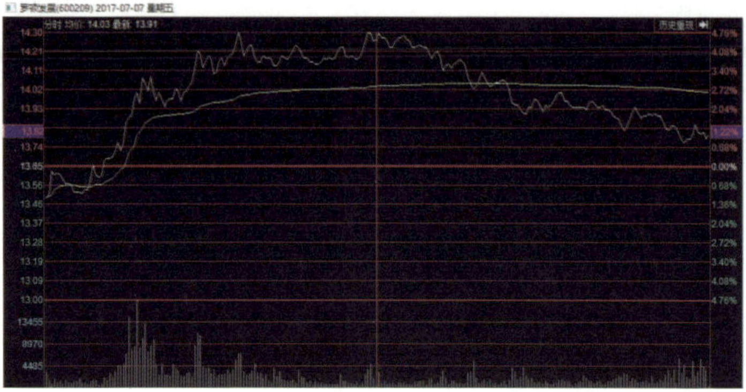

图 4.2.7　多空混战，向上合力衰竭，下午回落，这种清晰的分时顶部往往也是日线顶部

（2）主力涨停板出货（如图 4.2.8），卖出。

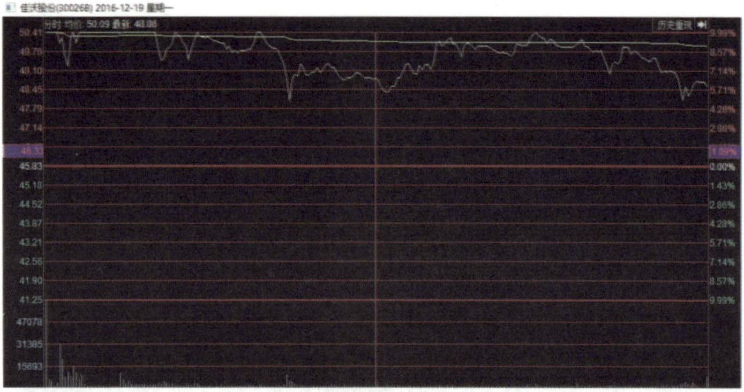

图 4.2.8　主力涨停板出货，大势已去，不宜久留

应用分时图的几个要点如下。

（1）综合其他指标。分时走势在实际操作中的运用，不能孤立地只看分时走势，还要结合日线走势、成交量、均线等辅助指标综合参考。

（2）当前大盘的主导趋势是什么？只有在多头主导的趋势格

局下来运用分时实战技巧，成功率才会上升。

（3）该股票的日线走势形态、量能特征如何？

（4）该股票与当前热点板块的关联度如何？关联度越大，成功率越大。

以上常见的分时走势基本形态，只是对平时不重视、不了解分时图的股民起到抛砖引玉的作用，具体的实践应用在于积累交易经验，灵活处置。之所以重视这个方面的知识，原因在于分时走势相对日线、周线来说，最有可能被主力资金操控。如果说大周期K线是市场合力的结果，那么在分时走势里，某一时期的主力资金能够起到绝对的主导作用，直接为自己的利益服务，从而反过来给我们提供了一个逆推主力资金（或者说是起主导作用的合力）意图的窗口。通过分时走势，结合股价K线综合分析，可以解读走势细节，穿透走势图表，直达主力内心，但这必须以看图作为基础，没有捷径可走。能从图里解读出多少东西，就看各位对照实际情况，反复去试验、印证了。

二、分时走势细节解读应用举例

应用法例1. 集合竞价走势（9：15～9：30）与股价全天波动的关系（如图4.2.9）

图4.2.9中，在竞价时段股价波动是从0位开始，最高上涨到1.50%，后面再跌回0。后来全天的波动范围是什么？几乎就是竞价时段的翻版，股价从0位开始，最高上涨到1.42%，最后回归0位附近。所以，竞价时段的15分钟，在某种程度上，可以说就是当天4个小时股价波动的缩小版。但这种对应关系不是绝

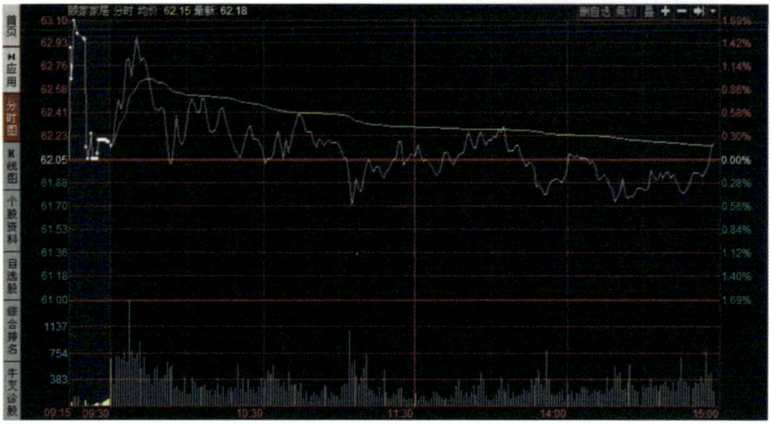

图 4. 2. 9　早盘竞价走势与全天波动轨迹有较高的内在关联

对的，只是在许多时候具有极大的关联性。这就要在实践中多观察，多留意，逐渐积累经验，才能提高预判能力。

图 4. 2. 10 中，东方中科也显示了竞价时段波动与全天波动的对应关系。

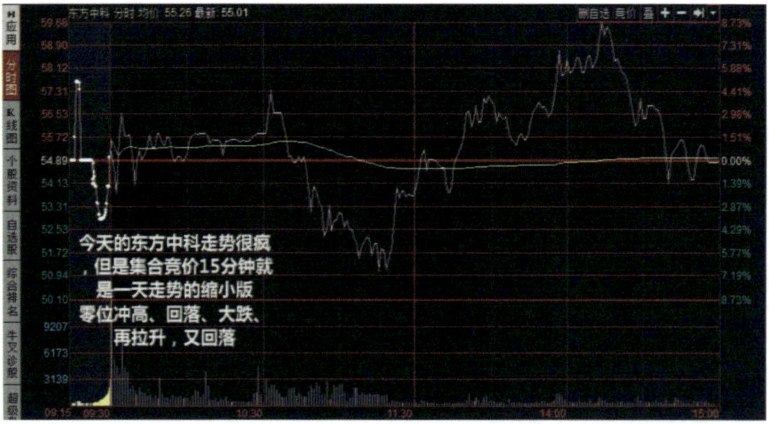

图 4. 2. 10　东方中科竞价时段的波动与全天波动的对应关系

总之，竞价时段的股价波动，是当天股价波动的重要参考之一。

应用举例 2. 读心

解读分时走势细节，穿透走势图表，直达主力内心，其判断过程非常精密细致。具体是怎么做到的呢？

具有操作价值的判断，必须要有时间的提前量，知道它下一步要干什么？

请问，在分时走势上，世界上谁最清楚某股票下一步要干什么？只有一个人，就是为主力服务的那个操盘手。

当然，他是不会告诉我们的，这没关系。既然分时图是他用资金做出来的，那么分时图刚好就暴露了他的思想。通过分时图，就可以读心，读取他的思想。在这时候，我们就不是一个股民，而是一个读心术专家、一个破案刑警。

读取别人的思想，先要知道他的思想的大体结构，比如对于操盘这件事要了解以下几点。

（1）人性的局限；

（2）利益的局限，他的利益是靠做出对自己有利的走势图来实现的，其资金所有的“买入”和“卖出”运动，必定在分时走势上留下轨迹；

（3）走势本身的局限；

（4）要出货，必须是买入的少而卖出的多，不然怎么出？

（5）要进货，必须是买入的多，而卖出的少；

（6）看股票的历史走势，通过分析前面几天他的操作手法，了解他的套路、实力、操盘风格、对特定时机的偏好等，这个操盘的历史轨迹就是与他有关的个人资料。

到此，操盘手就是我的朋友了。对于我的朋友，他躲在分时走势的背后干什么，还不是与我心有灵犀？

应用举例 3. 追溯历史走势细节，提高对 K 线判断的精准度

如图 4.2.11 所示，以智能自控为例，该股票近期有 4 个涨停，按时间顺序分别以 1、2、3、4 标注。当你面对数字“4”所标注的交易日，如果你持有这只股票，这是不是卖出时机？如果在寻找强势股票买点，这个位置是否买入时机？表面上看，4 个都是涨停，日线 K 柱完全相同，但里面区别很大，在不同的位置涨停意义不一样，当天的分时走势具体是如何涨停的，意义也完全不同。

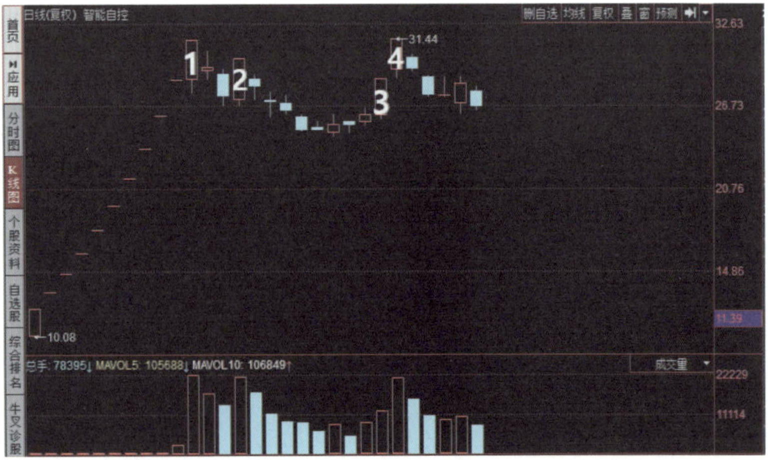

图 4.2.11　智能自控日线上的 4 个涨停 K 柱，事实上每个涨停的情形都有所不同

看到这些涨停，我们要打开当天的分时图，看它涨停的细节——它是如何涨停的？是不是发现每个涨停板都有所不同？然后进一步阅读它们所代表的意思就很容易了。

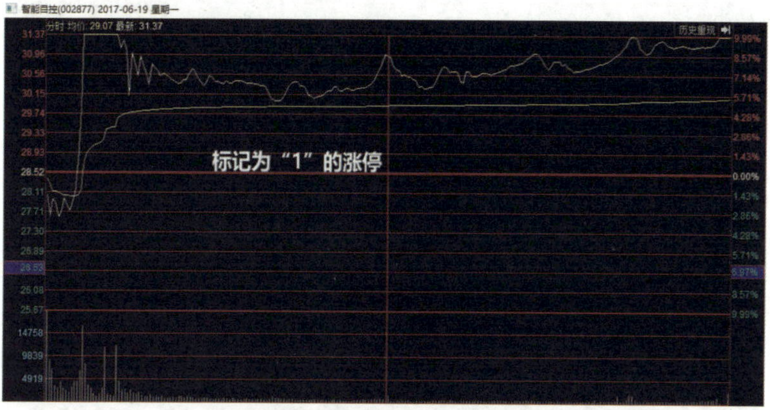

图 4.2.12　标记为 1 的涨停板。高位开板后，以迅雷不及掩耳之势封板，然后高位横盘放大量成交一天，尾盘再封板。日线上看，就像没开板一样

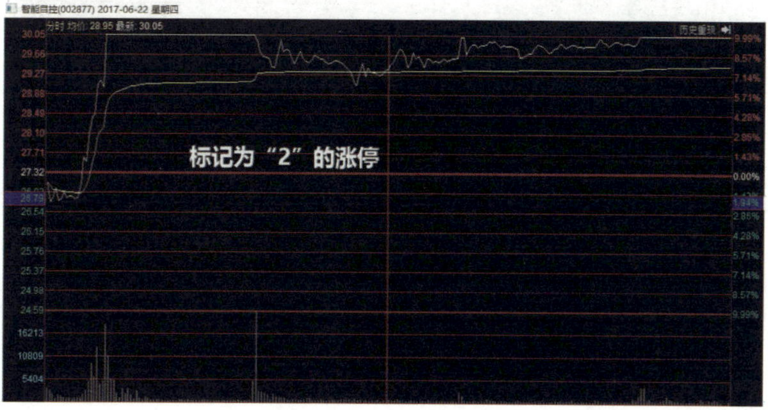

图 4.2.13　标记为 2 的涨停板。下跌途中第 2 次涨停，这次封板的作用是什么？后面的走势就是最权威的答案

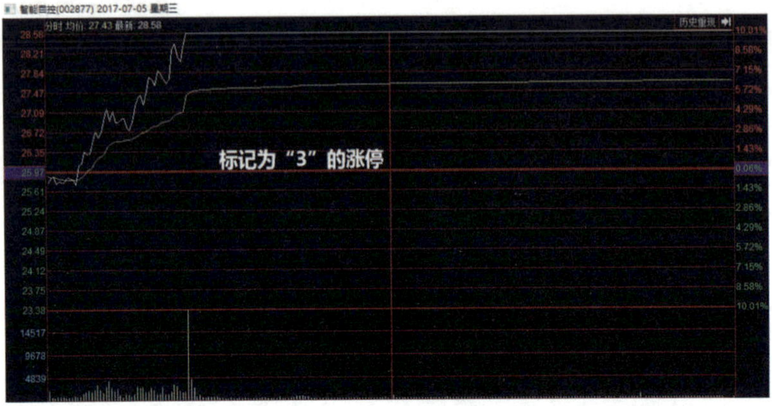

图 4.2.14　底分型之后标记为 3 的涨停。4 个涨停只有这一个是为了拉出利润空间而封板，为了后面上涨到更高位置出货，所以这个板是封死的，想买都买不进。其他 3 个可以随便买进的涨停板，都有诱多的因素

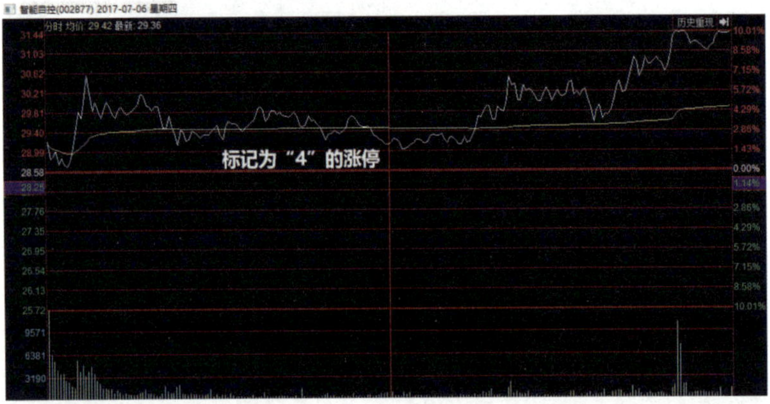

图 4.2.15　标记为 4 的涨停。从全天的股价走势可知，上涨合力疲态尽显，反而在尾盘勉强推至涨停，在日 K 线上虚张声势。诱多陷阱，昭然若揭

本节走势细节的解读，在此再说一下关于成交量、换手率、MACD 等指标的提前预判。

某个周期的参数，比如 1 小时、1 周、30 分钟，如果都要等

到该周期完成，事实上距离最佳操作位置已经过去不少了。举个例子，在日K线顶分型最高的那根K线柱里，如果用成交量做参考，当成交量不能创新高，就出。比如某股票早盘11：20冲高到6点涨幅，下午又下跌6点，涨幅回落到0。

如果非要等到当天全部走完，只能在收盘时才知道成交量与昨天的大小对比，那就只能卖在0位（前一天的收盘价）了。所以，当它在11：20的时候，全天的交易时间过去了约1/2，而成交量远不及昨天的1/2，就可以判定量价背离，当时就可以决定出，如此才能卖在最高点。

其他换手率、MACD以此类推，比如对比30分钟的，不需要等30分钟过完，只需要5分钟量柱高度，再乘以6倍，就可以迅速估算30分钟走势完成时成交量是什么样子了。

在实践应用中，以此类推。比如开盘1小时后，把当时的成交量和换手率乘以4，就可以大致得出全天的状况了，不需要等到收盘；MACD红绿柱面积的判断与此同理。

第3节 时机的分布

本交易体系的核心思想，是寻找市场走势在合力作用下的演变。这个“合力”存在的唯一方式就是资金的流动。资金汇聚于某只股票，就导致该股票合力向上；资金以抛售筹码的方式，从某只股票大量流出，将驱使合力向下。其研判过程，表面上看是依据K线走势，但绝非教条主义，它是立足于走势背后“人”的角度，通过资金运动的轨迹去阅读股价走势背后的资金博弈、利益博弈，从而得出它的局限性、必然性。股票的K线走势在上涨下跌的波动中，必然存在向上一段。通过多视角联立分析，精准锁定顶底分型，占据有利的买入、卖出时机，截取向上一段走势的利润——所有的手段都为达到这个目的服务。

股票交易的时机，可以总括为两点，即时间与空间。

选择哪个板块？买哪只股票？分布多少资金？这是交易时机在空间方面的分布。

选择了一只股票之后，在什么时机买入？在什么时机卖出？什么时候可以做短差？这是交易时机在时间方面的分布。股票没有好坏之分，在有利的时机买入，就是好股票，在错误的时机买入，任何股票都会造成亏损。前文的主要内容——走势合力的形成与衰竭，就是为了解决股票买入、卖出时机在“时间”纵向方面的分布。但在同一时期，所关注的股票与板块如果较长时间没有可观的行情，其他股票、板块却有资金大量流入，波动活跃，这就需要提高资金利用率，从另一个方面——“空间”去把握时机。这一节，主要阐述时机在空间方面的分布，追踪市场资金在板块与个股之间的轮动。

资金洪流涌向哪里，哪里就会有较大行情。资金洪流涌动的方向，形成市场脉动，从大盘到板块，再到个股，不同级别的行情逐级发展——从金融领域的宏观大局来说，全球范围内的投机热钱，在某段时间涌向哪个国家，该国股市就会产生一轮波澜壮阔的上升行情；如果蜂拥而出，引发的连锁效应将使众多股票市值大幅缩水；再从小一点的级别去看，把目光固定到我国 A 股，某个时期各基金、游资、主力、机构以及跟风热钱，认同某个板块概念，这种资金的群体性运动同样会准确地反映到板块走势上；再到更小的级别，具体到某只股票的分时走势，在日常的交易中，一笔大的买单能让该股票的分时图上出现陡峭上升的一段，同理，一笔或几笔大的卖单，在分时走势上留下的就是直线向下的轨迹，如同“跳水”。

股市里以上日常现象说明了一个事实，就是股票交易时机与资金的流向高度相关，市场的资金流涌动的时间、空间节点，就是有利的交易时机所分布的节点。悲观无奈、恐惧失望的资金流，其运动的轨迹在股市里留下的就是不断创新低的下跌走势；犹犹豫豫、多空分歧的资金流，产生上下震荡的盘整走势；雄厚大气、积极乐观的资金流，催生出中继不断上移的上涨走势。

与时机分布、走势涨跌第一相关的，从来都是资金流，而不是其他模棱两可甚至 N 种可能的其他基本面、业绩、概念之类。以股市里最常见的现象为例，同一个板块概念或个股，在基本面趋向利好，并且没有发生任何不利变化的前提下，前一个星期涨势如虹，第二个星期大幅下跌；甚至一只股票上午涨停，下午收绿。如果说上涨是因为基本面，难道一家上市公司的基本面在一天之内大幅变化几个轮回？——在逻辑上推论，基本面在一天之内不能与走势高度关联，那么在一个星期的走势上也不能高度关联，进而一个月、一年、N 年，同理。而资金流，无论是上涨、下跌走势，无论是一秒钟、一分钟、一天，还是一个月、一年以及N年，一直与走势同步关联。基本面对走势的影响是局部的，即使这局部影响，也是间接通过影响资金流，再通过资金流来影响走势的。——成交量之所以能成为研判股价走势的参考依据，就是立足于此。

从另一个方面来说，既然基本面信息对股价走势有局部的间接影响，也不能忽略不计，所以追踪交易时机的分布，可以从两个视角去看：资金的流动、信息的流动（这两者又有重叠的交集）。

视角1：信息的流动

股票市场作为一个整体，隶属于社会活动的一部分，股市与社会两者之间不是割裂孤立的，时时刻刻都进行着能量交换和信息反馈，相互影响。

社会是股市之所以如此的外部环境，外部环境的各种变化，像大自然的阳光黑夜、风云雨雪，照进股市现实，通过股民的思想，以波动的形式反映到股价走势上。板块轮动，没有公式化的规律。哪个板块会涨，这个缘起很大程度上都从外部环境开始，比如有关宏观调控、技术革命、自然灾害、局部战争、金融动荡、资源争夺、经济形势、政治局势、商业模式革新等微妙变化，都会导致嗅觉灵敏的逐利资金流闻风而动（为什么闻风而动？本质上依然不是基本面，而是前文所说的“预期中接盘的量”，基本面信息流只是一个“缘起”），与之相关的板块自然波动剧烈。知道哪个板块会动，这个要关注股市外部的东西，然后看市场是否形成合力。以目前的时间点举例，石墨烯是技术革新，但是市场现在没有形成合力，在板块走势上就暂时没有体现出来；“新零售”是商业模式革新，而且市场目前形成合力了，所以概念板块走势如虹。

短时期内，一个板块因为资金的流入，会有可观涨幅，但是不可能一直延续，多空终将平衡，走势必定转折。一个可以延续10年的利好，反映到股价走势里，难以延续10天行情，就转折向下了，因为资金涌动的主要方向转折为流出了。

有一点需要注意：关于股票的概念板块，即使在同一个板块，其中不同股票的走势，虽然有很大的相似性，但涨跌幅度往往差别巨大，这取决于个股与板块的关联性强弱。举个例子，中金黄金与黄金板块的关联性，就是毫无疑问、不折不扣的事实；洛阳钼业与黄金板块的关联性就弱一些，但钼与黄金同属于贵金属，所以关联性还是有一些的；而潮宏基虽然在分类上也属于黄金板块，但同时也属于其他与黄金无关的板块，关联性就更弱了。

视角2：资金的流动

各种股票交易软件上，有许多可以监测市场大资金流向的工具，其用途就是了解主力资金、群体性资金的流向，以便于追踪有利的交易时机。下面举例两种工具：DDE指标（见图4.3.1）与龙虎榜（见图4.3.4）。

依据中国股市的脾性，在追踪资金流做短线方面，总结了一个经验——“短线诀”，看多了，做多了，自然就懂了。

涨幅排名 | DDE排名 | 资金流向 | 主力增仓 | 财务数据

首页 | 应用 | 分时图 | K线图 | 个股资料 | 自选股 | 综合排名 | 更多…

DDE资金动向

	代码	名称	主力净量	散户数量	主力金额	涨幅%	现价	涨速%	量比	
1	002819	东方中科	14.99	114.78	+2.23亿	+10.00	54.89	+0.16	6.56	5
2	600275	武昌鱼	4.56	-85.04	+3.93亿	+9.99	17.07	+0.00	2.01	1
3	002816	和科达	3.59	-388.02	+5431万	+2.92	60.71	-0.03	1.09	1
4	601882	海天精工	3.50	-13.71	+4701万	+9.99	25.76	+0.00	13.65	
5	002052	同洲电子	1.72	69.87	+1.27亿	+10.03	13.49	+0.00	1.98	
6	600072	钢构工程	1.47	-155.40	+1.25亿	+9.02	18.00	-0.33	2.32	
7	000930	中粮生化	1.39	-264.69	+1.70亿	+7.94	12.92	-0.23	4.28	1
8	603159	上海亚虹	1.33	-427.83	+1902万	+3.31	57.49	-0.17	0.49	1
9	002347	泰尔股份	1.30	-153.14	+5314万	-4.06	12.76	+1.75	1.20	1
10	600619	海立股份	1.24	53.71	+8339万	+9.98	14.66	+0.00	1.79	
11	000011	深物业A	1.10	-218.79	+3582万	+2.65	18.98	-0.37	3.39	1
12	600992	贵绳股份	1.06	151.72	+4980万	+9.99	19.70	+0.00	1.86	
13	002110	三钢闽光	0.93	75.07	+5622万	+10.01	11.54	+0.00	1.23	
14	600777	新潮能源	0.82	6.97	+2335万	+9.98	4.52	+0.00	2.16	
15	000511	*ST烯碳	0.79	-66.93	+5272万	+4.99	5.89	+0.00	2.13	
16	300525	博思软件	0.64	-533.23	+936.8万	+2.89	86.28	+0.33	1.41	
17	000712	锦龙股份	0.63	-56.45	+1.35亿	+8.07	25.70	-0.47	2.26	
18	002732	燕塘乳业	0.62	-202.91	+1585万	+3.27	42.36	+0.00	0.79	
19	600666	奥瑞德	0.56	-117.99	+7944万	+0.70	28.69	+0.21	1.21	
20	002746	仙坛股份	0.54	-132.93	+1791万	+5.13	57.96	10.54	1.05	

图 4.3.1　DDE 指标可以作为排序工具辅助选股。在市场几千只股票里，自动排序出当时强势股，但不是见到排序在前的，就扑上去。该指标可以鸟瞰整个市场资金流动的状况，但是要结合前文的走势分析，总体上判断现在的位置是不是安全的交易时机

短线诀

合力所向势无敌，空军不败须持币。

走势研判叠三级①，指标四类鼎足立。

袖珍金股高人气，买入时机依强势②。

仓位机动逃陷阱，卖点退出不迟疑。

注：①叠三级，具体是指联立日线、30 分钟线、5 分钟线三种周期的走势来综合分析。②买入时机所依据的当下“强势”，可以依据 DDE 大资金流向排序工具。

如图 4.3.2、图 4.3.3，在 DDE 指标的界面上，主力净量、日线走势、分时走势等所需的材料，分布在同一个界面，高效实用。

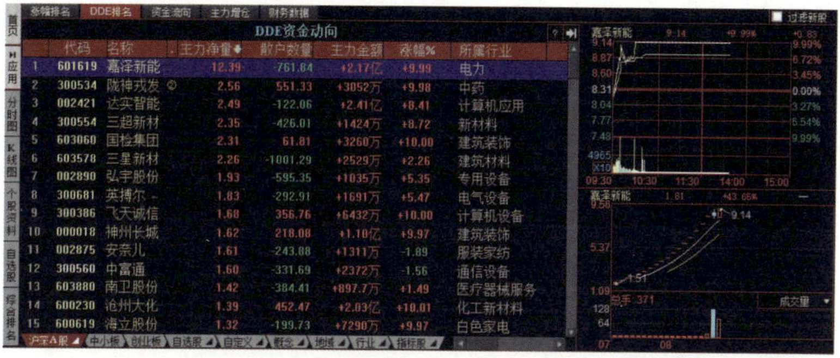

图 4.3.2　排序第 1 名的嘉泽新能在资金流的推动下，高位涨停

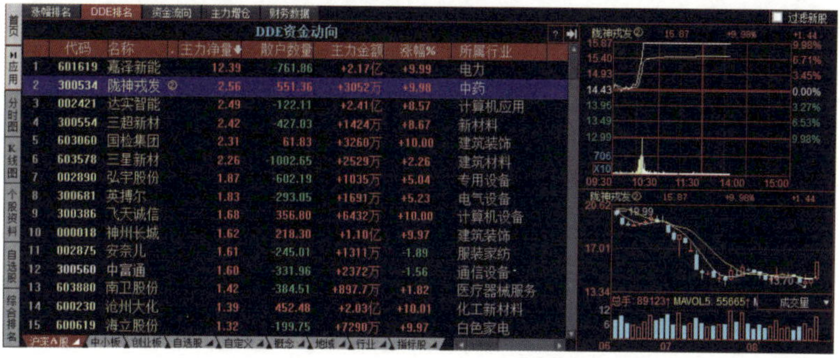

图 4.3.3　排序第 2 名的陇神戎发在资金流的推动下，低位涨停

除 DDE 指标外，另一个异曲同工的工具就是交易软件“数据”里的“龙虎榜”功能，可直接追踪市场各种类型和风格的主力资金买入、卖出节奏，乘风借势，搭便车。操作界面见图 4.3.4。

不要小看这个界面，从这个入口进去，能直接通向可以局部影响股价走势的主力资金老巢。沿着这个路径，带上一个善于观

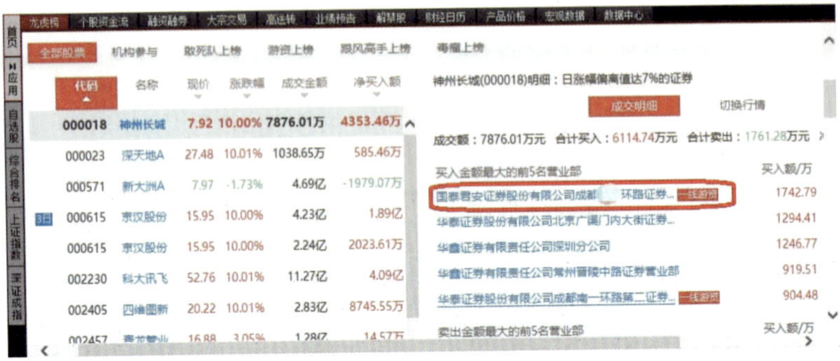

图 4.3.4　龙虎榜每日买入、卖出金额最大的营业部排行

察和思考的大脑，由该数据所能获得的有效信息非常可观。进一步深入，可以追踪到龙虎榜上的某主力资金的历史交易记录。从该主力资金以往在股价走势上买入、卖出所留下的轨迹，可以推断它的交易风格，进而增加在未来追踪该主力资金过程中，对进出时机把握的准确度。以图 4.3.4 中用方框标注的“国泰君安证券股份有限公司成都 × × 路证券营业部”为例，点击该营业部，可以得到的信息如图 4.3.5 所示。

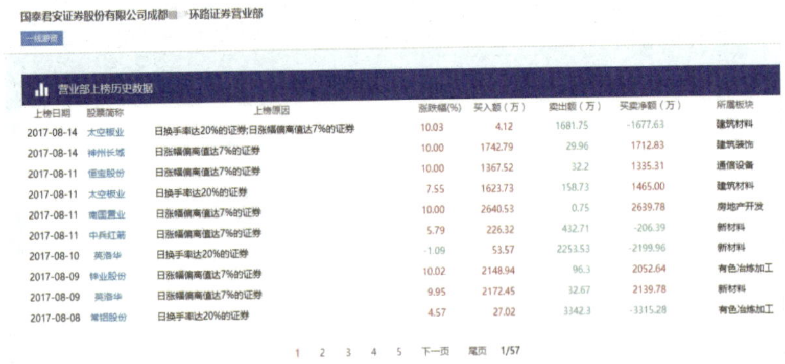
国泰君安证券股份有限公司成都 环路证券营业部

一线游资

营业部上榜历史数据

上榜日期	股票简称	上榜原因	涨跌幅(%)	买入额（万）	卖出额（万）	买卖净额（万）	所属板块
2017-08-14	太空板业	日换手率达20%的证券;日涨幅偏离值达7%的证券	10.03	4.12	1681.75	-1677.63	建筑材料
2017-08-14	神州长城	日涨幅偏离值达7%的证券	10.00	1742.79	29.96	1712.83	建筑装饰
2017-08-11	恒宝股份	日涨幅偏离值达7%的证券	10.00	1367.52	32.2	1335.31	通信设备
2017-08-11	太空板业	日换手率达20%的证券	7.55	1623.73	158.73	1465.00	建筑材料
2017-08-11	南国置业	日涨幅偏离值达7%的证券	10.00	2640.53	0.75	2639.78	房地产开发
2017-08-11	中兵红箭	日涨幅偏离值达7%的证券	5.79	226.32	432.71	-206.39	新材料
2017-08-10	英洛华	日换手率达20%的证券	-1.09	53.57	2253.53	-2199.96	新材料
2017-08-09	锌业股份	日涨幅偏离值达7%的证券	10.02	2148.94	96.3	2052.64	有色冶炼加工
2017-08-09	英洛华	日涨幅偏离值达7%的证券	9.95	2172.45	32.67	2139.78	新材料
2017-08-08	常铝股份	日换手率达20%的证券	4.57	27.02	3342.3	-3315.28	有色冶炼加工

1 2 3 4 5 下一页 尾页 1/57

图 4.3.5　某营业部上榜历史数据，多达几十页

再查看该主力资金所交易过的股票，可以看到各股票的历史走势。从历史走势中，对该路资金的买入、卖出、洗筹、应变等操作风格会有直观的认识。如前文“解读走势细节（读心）”所述，有了这些资料，再辅以走势周期联立分析，把握住走势波动里向上的那一段，胜率将会极大的提高。

第4节 卖出的时机

股票交易的每一次买入，都是为了获利卖出。虽然在实际操作中，买入在先，卖出在后，但如果对卖点没有深刻的理解，就无法规划好买入时机。譬如一次出行，先要明确目的地，才能提前规划好行程路线。——基于此，把“卖出的时机”列在“买入的时机”之前，后面再确定“买入时机”，才能有的放矢。

无情地剔除掉一切虚无缥缈的臆想与伪科学之后，任何一只股票在相应周期的买入时机买入，其上涨都不是绝对的——有上涨与下跌两种可能，才是绝对的，这里分别对应着两类卖出时机：买入错误（下跌）卖出和买入正确（上涨）卖出。

第一种情况，如何知道自己买入错误？走势会给出最权威的答案。如果买入后，在自己的交易周期上走势转折向下，应当有一个预设好的卖点与之对应。对于一个向下的走势，当然是切换为做空模式，先卖后买。

关于买入错误，还有一种轻微一点的情况就是，买入的理由不成立或不存在了。此时即使是盈利的，也要卖出。以上情况，说明了“卖出时机”不一定是赚了多少点卖出，凡是在你的操作周期内不值得继续持有的股票，都是应该卖出的，这种位置就是卖出时机。

第二种情况，就是走势如预期，上涨获利卖出。

以上两种卖点，在利益最大化的原则下，都要求卖在相对的高点附近才能实现。对于第一种情况，止损卖出，其卖出时机在次级别走势反弹高点附近；第二种情况，获利卖出，具体卖出时机就是该周期走势 K 线顶分型。

综上，以上两类卖出，到现在可以合并为一个问题，就是一只临近卖点的股票，如何卖在最高？

这个问题的答案，在股票交易二级市场的价值难以估量，但在本交易体系里不过是九牛一毛。

解决这个问题，可以从两个方面入手。前文多有叙述，在此算是综合应用。首先需要应用的就是周期联立，逐级逼近精确卖出时机。比如做中线，决定要在日线上某一天卖的，这时就看 30 分钟周期，进一步精确到究竟是当天的几点钟。到了那个时间点，如北京时间 11 点，进一步再用 5 分钟、1 分钟的走势图，逐级逼进，达到极致精确。既然软件自带这些免费工具，为什么不充分利用呢？

如何卖在最高？本交易体系绝非纸上谈兵，如图 4.4.1、图 4.4.2、图 4.4.3 所示，以作者在网络论谈的实践作为案例，简单分析一下（以下内容为论谈原文）。

2016-11-24　10:14:05

美邦服饰，现在卖出。

2016-11-24　10:30:19

大连友谊，卖点临近，注意下。

2016-11-24　10:35:03

大连友谊，现在卖出。

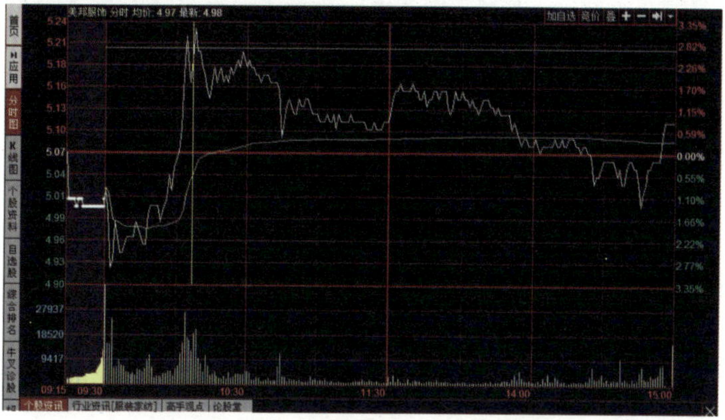

图 4.4.1　10：14，卖出美邦服饰（十字星处即卖出时间）

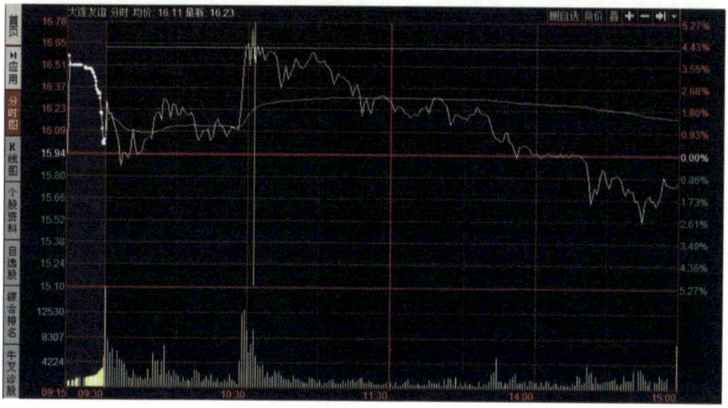

图 4.4.2　10：30，卖出大连友谊（十字星处即卖出时间）

2016-12-16　09:47:51

益民集团，现在出现卖点。

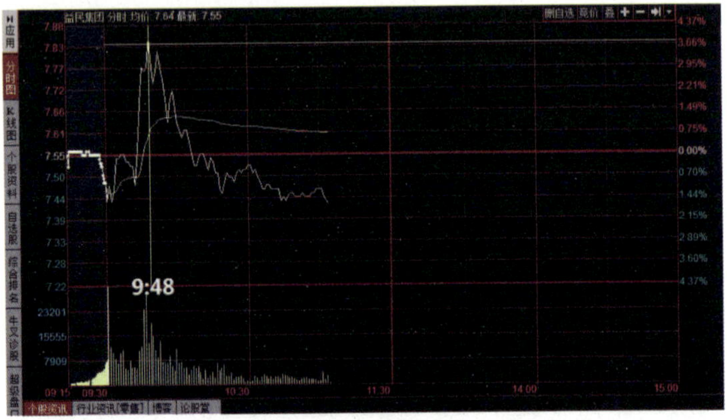

图 4.4.3　9：48，卖出益民集团，收盘后可知卖出时机是当日最高尖顶

以上几只股票均卖在当天的最高点，这里不是炫耀，而是用事实证明笔者所采用的方法是正确有效的。

怎么判定某个点是不是当天的最高点呢？在事前是无法预测的，马后炮知道了也没有用。只能是当时判断。走势到了这里，当机立断，这里就是今日最高！盘感、经验会起到一些作用，但是必须得有个可靠的依据，这个依据就是成交量柱！在各种走势指标里，只有成交量柱是最灵敏的，与价格走势完全同步，能反映即时状况，其他均线、MACD 等，都相对迟钝。

成交量直观地反映了资金进入和筹码流出的实时状况，在分时图上与其对应的最关键 K 线走势是 5 分钟周期的。用 5 分钟 K 线走势成交量柱，另外结合一下 30 分钟走势的量柱，就可以判定分时走势的最高点。图 4.4.4、图 4.4.5 中是前两只股票的 5

图 4.4.4　美邦服饰 5 分钟走势图，成交量极大量对应着当日最高卖点

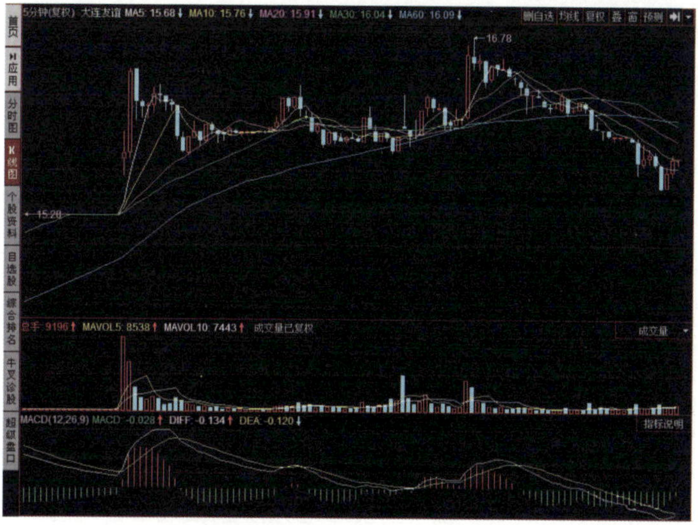

图 4.4.5　大连友谊 5 分钟走势图。成交量柱顶部的形成，极大地提高了判断股价走势顶分型的可靠性

分钟 K 线图，附带成交量柱，各位自己对比一下当日最高点与当时量柱的关系。这就是量、价双重顶分型巨大的实践威力，顷刻之间便可截获数目可观的财富。

虽然在实践中最终成交的价位，往往与这个高点相差一点幅度，没有卖在最高——那是水平的问题，但是卖出时机总是要接近近期的顶部——这个是操作原则的问题。对于上图当日股价最高点与成交量高点（某走势周期成交量柱高度）的关系，还有不明白的，可去复习上文有关顶底分型、走势的折线结构以及量价关系的内容。

第 5 节 等待买入的时机

与上节“卖出的时机”有所不同，本节“等待买入的时机”，突出“等待”的重要性。关于股票交易的一切问题，都是买入和卖出时机的问题，对于买、卖二者，买入时机的重要性更在卖出时机之上。一个占据了有利时机的买入，在后面获利卖出是顺理成章的事；如果仓促买入，或在错误的时机买入，无论以何种方式卖出都难以善后。

持股等待卖出时机的到来，是被动等待，因为账户资金买入一只或几只股票之后，就只能被动地关注这几只股票，同一时间其他股票的涨跌，皆与账户资金无关。在这种情况下，被动地等待卖出时机，几乎不存在主观上的难度，剩下的问题只是对卖点把握的精准度。

而买入时机的等待，则是完全的主动等待。在寻找买入时机的过程中，账户上的资金几乎可以买入股市里任何一只股票，在任意股票的波动中，似乎任何时候都可以买入——通过阅读K线走势，事后很容易证明，同一时期可买的股票是有限的，在股价走势顶底分型的折线结构中，同一只股票有利的买入时机也是有限的。如果不顾走势的具体情况，在贪欲的驱使下，见到某只股票就要仓促买入，只能自欺欺人地证明这里就是“合格”的买点。

有利的“买入时机”，如果缺失了“等待”这个要素，绝大多数只能停留在纸面上，一切研判、分析都无法落实到具体操作。本交易体系，就是一个买与卖的体系，通过多周期联立，逐级确定可以实现利润最大化的买、卖时机。在交易实践中，完整实现这一目标，就从“等待”买入时机开始。因为股票不会在你准备买入的时候，每次碰巧都处于合格的买点位置。

这里所强调的“等待”，其意义比具体的“时机”本身更加重要。等待向下走势合力的衰竭、等待走势方向的明朗、等待某级别周期走势底分型的形成、等待均线转折向上、等待量价的平衡、等待精确买点的出现……种种此类有利时机的诞生，无法人工制造，无法臆想成真，只能在等待中乘势借力。

如果把其他行业“天道酬勤”的精神带到股票交易中，争分夺秒，勤奋交易，会发现往往事与愿违。股市里的收入，并不会与你的勤劳成正比，有时候甚至成反比。

股票投机的收获，就来自于投这个“机”。与其他普通的工作不同，收益是基于“时间”（月薪）或“数量”（计件、提成）的。股票投机所投的“时机”即“买点”，“买点”之所以是“点”而不是“线”，形象地说明了在K线走势的“线”上，理想的买入时机总是很少的。有一小部分时间在持股，但更多的时间不适合买股票。随便打开任意一个波动曲折的K线图，看着那向下、向上重叠交错的一段段走势，勤奋的股民们如果每一天都在辛勤地买卖，甚至买卖时机做反，或者一直持股不动，其结果就是大多数股民的现状。

同一个股民，同一只股票，同样的资金，同样的买或卖，不同的时机，结果便完全不同。股票投机的这一个特性，是它与其他绝大多数工作的最大区别。——买点，仅仅与时机有关。买入获利，只能是借势；时机未到，势未成，只有等待。等待，这最简单的事情，在股市里似乎是最难做到的，因为股民的内心世界被市场的波动强烈引诱，无法平静。何止是一月难以平静，简直是每天都难以平静，甚至又何止是每天，简直是每时每刻都难以平静。

股票交易如同世界上另外几类高难度的工作，都是非常杰出的人才可以胜任，其杰出之处就是控制自己的内心世界，等待时机。

将军在一场战争中等待有利的战机，可能要几周或几个月或几年的时候；政治家等待一个施展自己抱负的时机，也可能是几年或几十年，甚至要由自己的继承人去实现；合格的股民在一段时期等待交易的机会，也需几天或几周——加入了“时机”维度的工作，比普通的工作多了一个维度，难于把握，能够胜任这类工作的人，就杰出在这一点上。

等待买入时机，资金大、做长线的股民需要等待周线级别的买点；性子急、想速成的职业股民起码也要等待日线上的买点；一日不买股便浑身不舒服的勤劳股民，至少也要等待 30 分钟级别的有利时机。即使判断买点的水平经常不如人意，这样至少可以避免买在明显的顶部。

一个合格的股民，虽然每天看盘，但有一项重要的工作是“等待买点”。只看，不动，稳如泰山，如同农民等待播种、收割的季节，顺势而动——“春播一粒种，秋收万颗子。”如果不顾时节，随意播种，不但无子可收，而且连同种子都要损失。

而更具体的问题是：合格的买入时机的要素是什么？

第一个要素：安全。个股走势处于上升趋势（均线向上）回调后的底分型，且股价位置高于前一个底部。

如果立足于超短线，还有第二个要素：强势。在历史走势中，该股票属于市场的重要概念股，拥有巨大的跟风资金。如果买入正确，在你的操作周期上就有可观涨幅。

第三个要素：对启动点把握的精准度。即买入后短时间内便上涨，不需要历经洗盘横盘上上下下的折腾。如果进入方向不明的盘整，先卖出。

合格的买入时机如下图 4. 5. 1 所示（在图中标注圆圈的量价底分型附近）。

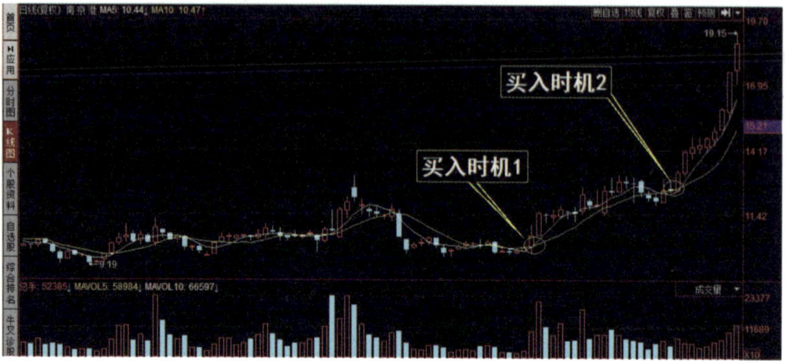

图 4.5.1　南京港日线走势买入时机

明确了合格买入时机的成立条件，进一步提出的问题就是：**在股价走势的波动中，如何找到这个买入时机？**

首先，买入时机是有分类的，不同的交易风格对应着不同走势周期的买入时机。某走势周期临近买点，就直接进去低一级别的走势周期等待买点的来临，直接买在该走势的底分型附近。

买入时机的精确定位，按走势周期从大到小次序，逐级逼近，不能颠倒。比如，在一段日线级别的下跌走势里去找什么分时图上的买点，纯属自作自受。

用一个形象的举例来说明买入时机逐级精确的过程。假如你是一个全球通的快递员，找买点的过程就如同送快递的过程。一份快递最终能够准确送到收件人手中，首先要对应正确的国家、省份，到了该省份，再对应正确的城市，再进一步对应正确的街道、住宅区、门牌号。这个过程，也是一个逐级推进的过程，从大范围到小范围的次序不能颠倒。在股票交易中常见的问题就是，在日线走势顶分型附近，经常有人发现在当天的分时走势上出现一个理想的买入时机，结果后面连续低开大跌。这就是把买入时机在走势周期上逐级逼近的次序搞错了，日线走势不存在买点的，分时走势看都不需要看。与此相反，在一个日线上升走势底分型附近，分时走势上即使于短期顶部追高买入，往往也能顺利获利卖出。

与股票卖出的时机尽量接近高点不同，买入一只股票，条件要严苛，不能追求买在最低。从逻辑上来说，某底分型、某买点的“最低”点，一定是上涨合力没有形成、向上的一段走势还没有确定的时候。一旦走势转折向下，只有卖出，这里的卖出，当然是亏损的，但亏损也不能成为不卖的理由。

而卖出的时机，即使在高点抛出后，股价上涨了，账户资金却是毫发无损的。所以对买入时机的把握，比卖出时机要严格，即“严进宽出”原则。当你买入的时候，至少要往后推想两三天，预判后面的走势在上涨或下跌两种可能的情况下如何应对。卖出股票，条件宽松点没关系。

股票交易作为人类之间的博弈行为，与作战一样，卖出的行为相当于防守，买入行为就是攻击。很显然，只有一次攻击和防守的作战体系是脆弱的。由前文交易的时机在时间、空间方面的分布可以知道，对于同一只股票，在走势的上下转折中，会产生多个有利的买入时机——这种状况所对应的操作就是做短差；而同一时期，理想的买点分散在不同的板块、个股——交易时机在空间方面的分布，所对应的操作是换股。

在一只股票里做短差，具体操作如下。比如在日线周期买点进入一只股票，按计划，卖点也在日线周期，但是可以在该股票30分钟周期卖点卖出，然后等待30分钟买点，甚至可以进去5分钟走势里找，买点出现，再买入。后面又出现30分钟周期卖点，仍然卖出，在30分钟走势的下一个买点，又买进去。如此轮动，直到日线周期卖点出现，全部卖出，结束这一轮股票交易。

5

Chapter

股票交易体系

第 1 节 股票交易的总体规划

股票交易决定胜负的是“交易”而不是“股票”。一个完善的交易体系，其立足点只能是买入、卖出股票的主体——交易者自身，而不是舍本逐末立足于其他。

炒股在外行看起来，是最容易和获利最轻松的了，按下键盘，点击买入、卖出就能赚钱，但只有亲自做过几年才知道其中滋味。

把炒股当成赌博，不以稳定盈利为目的，随便买随便卖当然容易。如果要实现稳定盈利，炒股也算得上人类所有学科里面比较复杂的一门功课了，绝对不亚于主流的数理化、文史哲。可问题就出在这里，大多数人来炒股，并不是赌博或消遣，其欲望是要实现稳定盈利的，但又有几个人把炒股当作一门功课去学习？

当某位先生或者女士决定炒股，便告别从前熟悉的工作，放弃稳定的收入，收紧正常的财务开支，把账户上的资金全部投入股市，期望它在未来的某一天可以增值，卖掉股票后有更多的钱回到账户；取消曾经的休息时间，废寝忘食地浏览相关网站、书籍；抛弃家庭生活带来的欢乐，夜以继日地在电子屏幕上点击K线、财报、论谈，聚精会神的时候对外界毫无反应；时而为频繁失利懊悔不已，时而为找到“圣杯”欣喜若狂；只要股市开市，每一天都如醉如痴，即使与整个世界隔绝也不以为意。

当工作荒废、收入枯竭、兴趣清零、家人抱怨，股票账户上如果有些盈利，还可以稍微弥补损失，但是盈利的时候只会抱怨自己投入的资金太少，不然会有更多收益，于是加大投入，计划干一次大的买卖，一夜暴富。更多的时候，是看到账户亏损，来之不易的财富被股市蚕食，不增反减，各种压力与烦恼如影随形，纷纷降临。当初踏入股市的热情与兴奋荡然无存，于是只想挽回损失，尽早回到从前正常的生活轨道。

然后又是增加投入，甚至借贷、融资，以加快收回成本的速度。当账户再次亏损，财务、情绪方面的压力如同泰山一般沉重。在上上下下的走势面前，感觉到自己是那么的渺小，往昔毫不犹豫地买入卖出，此时反应迟钝，变得重若千钧，对任何的下跌走势，深恶痛绝。一旦看到账户又一次亏损，便马上按键卖出，远离该死的下跌。忽然股价走势如同长了眼睛一般，刚刚卖出，就是一根大阳线拔地而起。正在惊讶，又是连续几根上涨K线，把股价封在涨停的天花板上。那耀眼的红烛，再一次刺痛自己的双眼，使刚刚卖出股票的你又一次后悔地失去理智。

第二天，股价如期高开，并迅速上涨。当你毫不犹豫地狠狠点击买入键，全仓坐等上涨，股价却掉头下跌，如同高山流水，跳下瀑布深潭。你坐在屏幕前，看着这熟悉而又陌生、想尽力避免却又无能为力的一幕，在眼前如同魔法一遍又一遍地重复，让你次次掉进相同的陷阱，再一次心痛，为那付之东流的财富心痛，也为那逝去的时光心痛。你原本是一个快乐的你，虽然不是很富有，但至少还有稳定的收入和高雅的情调，如今，当股价走势无情的折线结构迅速摧毁你的自信和财富，那个快乐的你在哪里？

由以上情境可知，不深入了解炒股的害处，就无法端正炒股的态度、无法认清股价走势的真正面目，当然也无法得到炒股的利益。

随便买、随便卖，市场恐慌，便跟着恐慌得一塌糊涂，市场疯狂，便跟着疯狂得得意忘形。其种种姿态，与做一个成功的职业股民应该具备的素质南辕北辙。

实现稳定盈利是一个目标，或者是梦想，在实现这个目标之前，先应该做什么？

比如你想拿拳击金牌，是撸起袖子冲上擂台就跟职业拳手对抗，还是先默默地自我训练几年？事实上，股民朋友们就是如前者这么做的。想翻倍，想买房，想回本，想财务自由，他们就开个户，冲进股市去了。

股市赚钱与亏损的分界很明显，赚钱就是持有了向上波动的股票，亏钱就是持有了向下波动的股票。

万法归一，把你的所有精力和狂热，集中去研究这个问题就可以了，其他关于股票的种种，支离破碎，都不能直达本质。向上、向下的波动，简化还原了一切股价变化的本质，围绕着这个本质的走势分析、心理分析、利益分析、大环境合力分析，无非就是以这两类波动为中心。股民所要做的，就是在向上的波动中持股，在向下的波动中持币。

其他的贪婪和恐惧、梦想与疯狂，都对股市无效。对操作正确的股民，股市会慷慨奖励；对操作错误的股民，股市会一遍又一遍地罚款。无论资金大小，无论你是谁，都一视同仁。在这一点上，股市又是最公平的。基于这个性质，所以有必要从人生规划的角度，对炒股这个事业有个总体认识，仅有炽热的兴趣是远远不够的。

（1）资金来源：一定是自有资金，一笔可以任意支配的自由资金，不能借钱、加杠杆、融资炒股。股市的盈亏，只与你的操作成功率有关，钱多难道股市就怕你？世界上最不差钱的地方就是股市了。当你犯错的时候，大量的无脑资金只会让你更加快速地灰飞烟灭。

（2）对股市的态度：要尊重市场的合力，尊重高手的智慧。市场的活跃玩家和主力，都由权贵阶层、高智商精英操控，凭什么普通股民进去就能大赚？赚谁的钱？难道凭借想赚大钱的欲望就可以？所以要学习，一两次买到牛股，偶然赚钱并不能长久，终究是要还给市场的。

由以上现实，普通股民对于股市投机的规划就有了以下答案。

（1）学习、探索阶段所动用的资金，一定是在自己可以承受的范围之内的，即使全部亏光也可以承受。反过来看一下，A 股

20 年，有多少狂热的股民卖房、融资、借贷炒股，最后输得一无所有，甚至赔掉家庭幸福和性命？

（2）学习、探索的具体方法，是在降低风险的前提下，高频、高速的交易，快速积累实践经验，同时广泛涉猎各种前辈的经验、案例，取人之长，补己之短，形成适合自己的投机风格。甚至可以交易各种产品品种，如股票、期货、债券、权证等，快速积累投机经验。

以上几个方面的长远规划，总结起来就是缩减参与资金，先投资于学习，在实践中有所收获再加仓。股票交易只要买入、卖出时机的正确率高，钱多钱少，根本可以忽略不计。若对股市认识肤浅，买卖时机经常做反，钱多又有什么用？

在股市变化多端的走势面前，在放大人性弱点的市场里，美好的愿望微不足道。要在股票交易方面成功，就必须以科学的理论武装自己，以丰富的实践经验修正自身的弱点，用千百遍的实践完善各项细节，并逐渐与理论融合，去伪存真，形成适合自己的操作风格，再进一步强化、精益求精，最后稳定下来——这个循序渐进的训练过程，就是普通股民由渺小到强大的过程。当你再次面对股市，走势仍然是那个走势，涨跌还是那个涨跌，但是你一定感觉得到，它变得透明、温顺多了，随时都有可能为你提供收益。

在学习阶段，迅速浏览他人的操作精华，把各种有效的方法亲自去实际走势中对照。

（1）国家层面的政策、战略，社会商业模式与科技的变革，在什么情况下与板块、概念高度关联？在什么情况下几乎无关？

（2）主力资金高度控盘的股票，其交易盈利的必然途径和局限是什么？多周期联立分析，就像一张网，太烦琐和太粗糙都不行，如何把握得恰到好处？

（3）成交量的极大值和极小值分别对应着K线走势的阶段顶部和底部，在什么环境下相关度最高？什么情况下低一些？，

（4）几个常用的指标，均线、MACD、成交量在什么情况下精准高效？在什么情况下滞后失真？

（5）买入时机应该在K线走势的什么趋势，什么位置？卖出时机又在什么位置？凭什么可以判断？

（6）买入后股票转折向下，应在什么位置预设止损？

诸如以上种种问题，对照股价走势的实际情况去推演其变化，寻求答案。

经过前面的理论学习，对于股市与股票交易有了大体的了解。在这个阶段，观其大略而不求甚解，就可以了，不能一根筋认死理，臆想某个理论一文不值、一点都不靠谱，或某个操作理论至高无上，必定盈利。在你自己没有足够的实践检验之前，对一切理论层面上的东西都要一视同仁，并持批判态度。

经历了初步的学习阶段之后，就是实践应用，以小额资金买卖股票，高频度交易，不断地检查、修正市场的实际情况与自己主观判断之间的差距，一年可以交易成百上千次。这个环节相当于战士练习枪法和格斗家练习擒拿、拳击。实战练习一定要积累到一定程度的数量级，才能形成符合客观的判断，建立新的条件

反射。

训练期间的高频交易，不是瞎买卖，同样是严格按照自己掌握的知识、经验，尽量每一次都做到“最科学”“最精确”。在此期间，检验自己有没有遵守纪律？有没有预先制订合理的买入、退出计划？有没有等待买入时机的来临？分析判断的依据是否具有一致性？有没有做空、做多双向思维？从实践中获得足够多的经验、知识才能保证交易的总体胜率。如果因为一两次冒险成功而建立错误的体系，或者因为一两次亏损否定总体上正确的交易原则，那就乱套了，会一直陷在无所适从的泥潭难以自拔。

在这一阶段的交易实践，其意义仅仅是练习，用来检验、修正自己的主观判断与实际情况的差距，只是为了缩短积累经验的时间，并非鼓励以后做股票就一直用高频交易、短线交易。如此一来，只需一年的高频高效的操作实践，就能积累起超过普通股民（未经训练，顺着自己的感受自然买卖）10 年、20 年的交易经验。

保障训练阶段的顺利进行，其中最重要的一点就是投入的资金必须是“小额”的，比如自有资金的 1/10 或更少。如果违背了“小额”原则，有了几次微利，就违背初心，被贪欲牵引，加大投入，在几次加仓之后，全部资金前仆后继就进去了；或者几次小额亏损，贪欲、恐惧一齐发作，对股市极度不服气，想用大资金快速回本，借贷、融资，尽己所能源源不断加大投入，在很短时间内，因为资金量的相对大额，影响了生活、情绪，就与训练的目的南辕北辙，一不小心就会“出师未捷身先死，长使英雄泪满襟”。

在你还没有形成可以冷静应对股市博弈动态变化的条件反射之前，绝对不能“无证上岗”。

什么可以作为股民的“炒股证”？这里大概给出一个参考，就是以一年为一个时间单位，在几十次的换股、买与卖的操作中，账户总体上是盈利的。具体数目没有标准，总之盈利越多越好。同样的盈利，交易的次数越多，证明操作水平越扎实。因为本阶段的重点是“训练”，强化锻炼的就是心性的力量与行动的敏捷果断。如果买入一只股票，持有两年不动，最后涨了一倍，这是小概率的偶然现象，不能说明什么。若两年只有一次交易，自己的经验和知识基本上没有进步。

在迅速积累实战经验的过程中，交易的频率越快、品种越多，进步越快。这当然是在理性判断、周密计划的前提下才有效。如果无计划地随性乱买、乱卖，事后又不总结，那就会一直原地踏步。为了加强对金融投机市场的深刻认识，在训练阶段，对期货品种也可以深入学习，这有利于短时间内积累更丰富的实践经验。相对于股票，期货交易最直接的收获就是，必须具备“做多”与“做空”两个方面的意识，顺势而为；如果方向做反，保证金杠杆会数倍放大自己的错误。对于股票来说，做空模式就是持币，而这正是勤劳的股民们普遍缺乏的——“做空”与“做多”两个方面的完整思维，是股票交易最起码的框架。

一句话总结如下：用一年时间以小额资金，高频、多品种交易，账户至少在盈利水平以上，自我感觉可以在股市行情的动态变化中应付自如（有部分时间亏损，可以允许），就给自己发一个炒股的“上岗证”，否则就留级，继续训练；如果两次不达标，自我劝退，建议到其他领域、行业去发挥自己的聪明才智，或者过几年再来。

如果耗时1～2年，执行了本阶段的训练，相信有一半以上的股民，投机生涯的结果与未经训练将会完全不同。

第2节 内心世界的波动

股市沉浮

狂涛漫空横孤筏，欲海何处乘轻舟？

长啸吸尽五浊浪，腹中波滔自春秋。

股价走势只有三种变化，即上涨、下跌与盘整，这相对于大多数学科的无穷变量来说，是非常简单的。在这三类走势里，上涨所对应的操作就是持股，下跌与盘整便持币，而且在买入时便可以预设三种情况的应对，只唯势，不唯价。按照一般学科的思维模式，股票交易这项事业，用这几句话便可以解决了。可是现实的情况是，数不清的“小白”、“股痴”、职业股民、基金机构经理、精英操盘手等股民群体，从懵懵懂懂的兴奋狂热到废寝忘食的潜心研究，再到身经百战的遍体鳞伤，终究不得要领。在股票交易的生涯中，距离理想的操作规则有时候觉得很近，但倏忽之间，又感觉十分遥远，然后长期的状态就是在这两端之间摇摆不定。

与其他学科以客观的物质性为基础不同，股价走势建立在市场参与者内心世界的波动之上，是交易者内心世界的波动在股市的投射。与此同时，市场的行情数据也投射到股民的内心世界，让股民的情绪与决策每时每刻波动不止，几乎无法辨别自己的操作风格、交易规则是对是错。到此为止，我们要从更高的维度去看待这个问题：股票交易，不但交易的客体（股价走势）是波动的，更重要的是，交易的主体——买入卖出股票的执行者、股民的内心世界也是波动的。

与股价走势的波动同理，股民内心世界的波动也呈现出与之相似的结构。以市场上各种风格的交易策略其中任意一种为例，当某个交易策略令账户处于盈利阶段，股民对它的信任度便上升到极高位置，深信不疑；但在后面的操作中，这个交易策略一旦令账户亏损，股民对该策略的信任度也会大幅下降，一直降至信任度的低谷，然后该交易策略将会被股民可以随意滥用的“一票否决权”否定掉。

问题是，无论任何一种交易策略，所面对的都是同一个股市。由于股价走势有上涨、下跌两种可能的客观性，没有任何一个交易策略能绝对保证买入后只有盈利一种可能。即使是史上最优秀的交易策略，只要它让股民的资金在某一次处于亏损状态，仍然避免不了被一票否决。——如同股票有上涨、下跌的转折，任何交易策略都会受到肯定、否定的反复。有多少翻倍的牛股被股民曾经持有过，又轻率地卖出了？有多少总体胜率优异的交易策略被股民采纳过，又鲁莽地否定了？这就是股价走势与股民内心世界客体、主体的双重波动，让投机市场的股民如同无根浮萍，终其一生都在无常的波动中沉浮。

在“股票交易”这项事业中，股票所对应的是K线走势上涨、下跌的波动，由顶、底分型所锁定的段与段的连接，这属于股票交易中的客观部分；由于股价走势直接与账户资金的盈亏绑定在一起，导致股民精神世界贪婪、恐惧情绪的波动，是“交易”所对应的主观部分。

因贪婪而自我修改既定的买入、卖出规则，又因为恐惧再次自我否定修改后的新规则，然后永远陷在这种自我否定—肯定—再否定的循环中无法自察，亦无法自拔。这正是任何科学的交易规则难以稳固的深层原因，也因此让股票交易稳定盈利成为似乎无解的世界级“难题”，因为没有哪门学科，不但所研究的对象在不稳定的波动状态，甚至连观察该对象的主体（股民）本身，都在不稳定的波动之中。

由以上可知，并非股价走势客观上有多么复杂，而是因为交易者摇摆不定的贪婪和恐惧，让股票交易这项工作的难度大大上升，事实上形成了股价走势与股民内心世界的双重波动。在这种情况下，股民的操作如同站在浪涛起伏的舰船甲板上，持枪向一个上下震荡的移动目标射击。由于股民自己所站立的立足点也是上下震荡的，根本没有一个稳固的基点，即使手持性能优异的射击武器，在这个条件下命中目标的难度也大大提高。

这一节所要解决的问题就是，股价走势的波动是客观的，无法控制的，但一个合格的股民必须控制内心世界的波动，令自己的交易有一个冷静、理性的稳固操作平台。——从股市参与者精神世界波动的视角，精准有效地解决股票交易难题，也是本交易体系高度完善的标志之一。

股市里几千只股票每天此起彼伏的行情，在每一个充满炽热盈利欲望的股民眼前展现，投射进股民的精神世界，时时刻刻都在影响、扭曲着股民的自我判断。

有涨幅夸张的明星股票，有连续下跌的腰斩股票，有的股票大跌后又急速上涨创新高，有的股票冲高回落再大幅下跌破前低。有的股票正在犹豫是否买入时，忽然大幅上涨，“错过了”近在眼前的机会；有的股票附带巨大利好，买入后却漫长时间都在盘整。于是股民不禁怀疑所有的交易规则都有缺陷，难以满足自己的欲望，需要不断地更改和否定。

股民在交易中，对自己的行为有完全自由的裁决权，可以在任意时刻、任意地点一票否决自己任何买入、卖出决策，随性否决自己从前经历重大损失所制定的相关交易规则，或者再度肯定从前已经被否决的交易计划。

比如某股民在一个下跌趋势衰竭的低位买点买入，之后几个星期没有盈利，然后被股市每天的涨幅排行榜刺激，否定了自己当初的买入原则，移仓换股到高位强势股，买在上涨衰竭的顶分型附近而不自知。

经历大跌后，又否定追高强势股的做法，再次肯定之前的买入原则。

在近期走势高位，成交量与股价顶分型之后获利卖出，该股票走势下跌后却再次反弹创新高。此情此景，被纳入股民那时刻被贪欲所驱动的精神世界，马上否定了有极高胜率的顶分型卖出原则，后面即使见到明确的顶分型也持股不动，等它创新高。

然后股价大幅下跌，由盈利变为亏损，被动转为做空模式卖出，又否定了顶分型持股不动的操作。

不过，两个星期之后，当再次看到以前卖出的股票，现在股价位置已经远远高于卖出时的价位，又一次否定了顺势做空卖出的交易规则。后面买入的股票，即使股价腰斩也持股不动。

几次大幅亏损之后，又肯定了止损的原则。

另外，有时候因为某个热点概念使相关股票大幅上涨，马上抛弃对K线走势的分析判断，认为走势分析一文不值，闭眼买入高人气概念股。

被几次接盘站岗的操作教训后，又否定了追逐热点概念的做法，再次点击K线走势图表孜孜不倦地研究，发现所有的机会和危机早就在K线走势上毫无遗漏地展现。

一个股民正在等待某只股票的最佳买入时机，不经意间股价突然大幅拉升，第二天跳空上涨。该股民被这次上涨所刺激，“一票否决”了等待买入时机的交易规则，下次见到某只股票大幅拉升，立即市价成交全仓买入。但后面该股票快速下跌，又刺激了股民，再次“一票否决”仓促买入的做法，又肯定从前的交易策略。如此反复无穷。

当然，随着股价走势的波动，股市行情的此起彼伏，股民反复无常地否定—肯定—再否定—再肯定自己历经曲折获得的交易规则，将会无止境地一遍又一遍重复。在这种模糊不清、没有外力纠错，随着精神世界的波动，可以绝对自由地滥用“一票否决权”的情况下，任何胜率出众的交易体系和规则都会被鲁莽地摧毁，被反复无常的否定之否定蹂躏得支离破碎，最终得出的结论就是，稳定盈利遥不可及，股价走势难以捉摸——股价走势，上涨、下跌而已，所对应的操作仅买入、卖出而已。

使股票交易变得复杂的是股民内心世界的无常波动。即使有一个伟大的交易体系在100次的买卖中，大幅获利了80次，仅有15次小幅亏损，仍然会在任意的一次亏损中，被交易者弃之如敝屣；即使获利，也会被认为盈利幅度太小而被否定，只因为同一时期有个别明星股票上涨了百分之几百——由几千只股票此起彼伏的上涨下跌构成的股市行情，每时每刻强烈刺激着股民的感官，投射进股民的精神世界，放大着所有可以放大的贪欲与恐惧，摧毁一切可以摧毁的交易模式和规则，即使这些交易模式久经考验而且被自己在多次的交易中肯定，也可能在任何时刻，被一票否决，重新归零。在这种现实下，又有什么可以建立？

一个稳固、冷静的精神世界，是有效的交易体系赖以建立的基石，除此之外，一切都是空谈。一个合格的交易者，在实践中首先需要完善的，就是精神世界的辽阔宁静。只以正确的买入、卖出时机为唯一的操作依据，以统揽全局的总体胜率建立、稳固自己的交易规则。而且主动接受小幅度的亏损比率，才符合股价走势有上涨、下跌两种可能的客观事实，使整个交易体系达到稳定的生态平衡。综上所述，股票交易之所以成为难题，不在于股价走势变化本身，而在于股民对于自己的操作拥有无底限的自我否决权和反复无常的修改权。

优化、固化同一个交易体系，甚至固定所操作的股票，就是股市常胜将军的强大之处；浅尝辄止、朝三暮四、摇摆不定的交易策略和随机换股，就是股市炮灰之所以渺小的原因，资金大小绝非盈亏的分野。

以驾驶人必须无条件遵守的交通规则为例，如果所有的驾驶人可以任意否决、修改交通规则里的任意一条，比如因为一次闯红灯没有出现事故，就认为等红灯是多此一举，以后每次都无视红灯；因为某一次弯道加速逆行提前到达目的地，后面就经常超速逆行，并以此沾沾自喜、自命不凡……当驾驶人处于无人控管的状态，可以如股民们“自由”的交易一样，在所有的公路和高速公路无拘无束地任性驾驶，乘车“平安回家”将会变得比股票交易“稳定盈利”更具有“不确定性”。正是看似繁文缛节的细致交通规则，保证了全体驾驶人和乘客总体上极高的安全概率。即使在某些时候，规则经常显得多此一举，也无人可以自作主张，随意修改、否定其中任何一条，因为有国家的执法机构作为强大后盾，保障交通规则风雨无阻的全面执行。

股价走势在必然的局限中波动，在逻辑的层面，本交易体系足以应对。其中的前提是，在交易的过程中，把内心世界的无常波动降低到平静、坚固的水平。这一点取决于交易者的心性修养。股市博弈，实质上是股民内心世界的全面竞争，如果不能在心性修养方面建立起自己的核心竞争力，一切判断和执行都无法实施。

仅仅局限于账户盈亏、股价走势，是达不到心性修养所需要的状态的，必须打开自己的视野，从一个更高的维度去看股市、看交易。

我们所能感知的客体世界，万物自我绚烂、自我凋零、自我运动而生生不息，观众终究只是过客。走势的存在和幻灭，相对于人生的短暂和深度无常来说，算不了什么。如果把世界看作是股市，那么人生就是这幅宏大走势上的一根根 K 线，此起彼伏，不断地升起或陨落，终究归于寂静。只有千秋冷月，无聊地注视着这一切。

望月

朗朗长空生明月，疏疏篱落花影斜。

满城灯火终阑珊，万古唯见千江月。

既然人生的走势局限都无法违背，生老病死的命运大限都可以坦然接受，又何须违背股票交易的客观规律？等待买入的时机买入，在上涨的一段走势中持股；当卖出时机如期而至，立即卖出，在下跌的一段走势中持币。股票交易仅此而已。除此之外，一切多余的贪婪和恐惧都是臆想，只是增加了笑料、制造了遗憾。如果能从更高的视角来看待股票的买入与卖出，把内心世界的波动也隶属为股票交易体系的一部分，以此获得一个平静、坚实的内心世界，这便是交易体系有效执行的前提条件。

第3节 完整的买卖系统

走势必定转折，合力必定会衰竭，股价的一切走势都是上涨、下跌、盘整三种基本形态的层叠。这些必然的局限，不会因为资金量的大小、参与者的资源差异而厚此薄彼。在必然的局限面前，人人机会均等。唯一可以差异的地方，就是交易周期的不同。资本宏大的国家级天量资金，可以在月线周期出现的有利时机买入卖出，气势非凡；斤斤计较于蝇头微利的普通股民，可以在日线、30分钟走势甚至5分钟走势上精准交易，不亦乐乎；各参与者只要找到适合自己的交易周期，那么在这一走势周期下，所有进入可攻击范围的股票，就是你的猎物和美餐。

股市有两三千只可交易的股票，各种交易机会的总和大大超出了参与者精力、资金的极限。一个人不可能参与所有的机会，今天看到这个板块热门，要去参与；明天看到一个信息利好某股，也要参与；又看到这只股票出现日线周期买点，要买入；一会儿又看到另一只股票出现30分钟周期买点，也要买入；或者“感觉”某股会拉升，还想买入，如此等等，只能被股票折腾，成为市场的炮灰。

一个没有成熟体系和交易规则、一切判断凭感觉的交易者，在充满不确定性的投机市场里长久下去，终究无法生存，更别提盈利了。

没有哪个猎手可以凭借一两次的成功而享用一生。在保证自身安全的情况下，随时随地可以猎杀任何目标的本领，才是职业猎人的最大财富。全世界的股市或者股票，其结构都是相似的，选择什么目标，交易原则都一样。

股市里，决定你成功还是失败的，只有买入、卖出的时机，与其他无关。只要在有利的时机买入，并遵守自定的交易规则卖出，任何股票都可以赚钱或全身而退；如果在错误的时机买入、卖出，任何股票都会让你亏钱。

一只股票的走势就如同自然界的生命，有其生、老、病、死的完整过程。产生买点、卖点是必然的，该走势本周期下跌合力衰竭为低阶买点，错过了低阶买点还有后面的中阶买点，中阶买点的产生源于次周期走势上下跌合力衰竭。在一个股价的走势中，低阶买点由该周期下跌趋势背反产生，其余买点则是均线向上的走势回调或中继底分型。

由此可知，各类有利的买入时机必定处于K线走势的某个底分型附近，或者放宽条件，处于向上走势底分型与顶分型之间。除此之外，没有其他可以获利的交易。有利的买点，必定处于底分型附近但并不可以反过来说，底分型附近就是合格的买点，因为底分型隶属于股价走势的一部分，买点究竟是众多底分型中的哪一个？进一步精确判断需要用到的是走势的力度和多周期联立分析。

同理，走势产生卖出时机也是必然的。上涨趋势合力衰竭，该走势顶背反，就是高阶卖点，错过了第一个高阶卖点后面还有中阶卖点、低阶卖点。与三级买点同理，三级卖点也都可以归结为低周期的高阶卖点。

以上说明了股价在其自身生灭过程中，买卖时机出现的必然性，那么交易者在市场中要干的事就是在合格的时机买入，在相应的卖出时机抛掉。顺着合力的方向，向上则持股，向下则持币，不做一根筋的多头，也不做一根筋的空头，乘势借力，就可以不断地吸取市场的能量来壮大自己。

从交易的角度来说，一切尽在以上的叙述中了，可是仅有这些仍然不能保证确定性盈利，因为还有一个大问题，就是同一个交易体系、同一个股市，对应着不同股民波动的内心世界。要战胜股市，就要比绝大多数人有更高的心性修养，战胜自己的贪婪和恐惧，拥有执行交易体系的客观、冷静的思维，成为真正意义上的钢铁战士。这样，股市里就没有什么能阻止你获利了。

市场分析的水平，只相当于武器，而操控这件武器的手，即你的心性，才是内力。股票交易中，那些情绪控制方面的天才或者高手，随便用个什么分析方法，只要自己习惯，都能成功；而心性修养的弱者，再厉害的交易系统，其效果也是惨不忍睹。

当卖点出现的时候，是什么阻止了你卖出？是你的贪婪阻止了你，错过了顶背反产生的高阶卖点，又错过反弹不创新高的中阶卖点，明知道已经顶背反了，却迟钝不卖。幻想着还有新高，下跌了，还是不卖，后悔没有卖在高点。你的贪婪已经控制了理智，只有饱尝大幅亏损的滋味。

后来，你的恐惧又战胜了你，于是在最低位平仓退出了。

当买入时机出现的时候，是什么阻止了你买入？你的恐惧阻止了你，底背反已经转折向上，错过了低阶买点，又错过了中阶买点，总以为后面还有新低，然后又后悔没有买在最低位。最后，你的贪婪又战胜了你，在走势高位顶分型附近不顾一切地买入了。

人性的贪婪和恐惧本质上是无法摒弃的，这里说的“战胜”，是把低级无知的贪婪、恐惧改造为高级智慧的贪婪、恐惧。

低级的贪婪、恐惧被表面现象和幻想所迷惑，导致低级、错误的操作，使自己失去盈利的机会甚至亏损，反而使贪婪成空、使恐惧真正降临。

高级的贪婪、恐惧能够克服表面幻想带来的感官冲击，根据走势发展的现实，手起刀落，坚决果断地作出正确的决策，其行为的结果，才能真正达到贪婪（获得盈利）和恐惧（逃避大幅亏损）的目的。

一个完美的交易系统，就是各周期走势联立分析，分别在有利的时机买入、卖出，外加一个纠错系统。不是说只要在买点买入，就可以绝对盈利了。买入即是看涨，买点买入，只是说在这个位置是市场走势向下合力最虚弱的时机，此时买入成功概率很大，但不是绝对的，任何时候股票交易都要面对上涨、下跌、盘整三种判断，这一点才是绝对的。一旦发现判断错误或者走势进入盘整、下跌，都要找低周期高点及时退出，这也是必须卖出的时机之一。

既然市场走势由上涨、下跌两种绝对的走势组成，那么，市场交易也由做空、做多两种模式与之对应。兵来将挡，水来土掩，两种模式的全面成功才算交易的成功，偏向某一方面都不行。习惯性多头，上涨盈利，在下跌中又还给了市场；习惯性空头，下跌中损失少，但是上涨也是习惯性看空，无法盈利。形象一点来说，就是看走势需要两个大脑，一个是看涨的大脑，一个是看空的大脑，看涨的时候，该买就买，看空的时候，该卖就卖，不能厚此薄彼。

大多数人炒股的烦恼，就是只有一个看涨的大脑，缺乏看空的大脑。如果股民能把看涨的精力和热情均分 1/3 到做空模式，炒股也要容易多了。

第 4 节 做空模式

股市投机，太多的人有一个缺点就是，把自己的美好幻想和喜好当作了市场现实。无论所持有的股票处于什么位置，都幻想它会上涨，或者幻想它以后会是一匹黑马，股票一下跌就生气，然后赌气持有，等它上涨。请问，如果一只股票只涨不跌，走势怎么实现动态平衡？无限量的资金供应，如何维持？股票筹码每天供不应求的状况，能维持多久？

对于想把股市投机当作事业的职业股民来说，风险控制要自始至终放在第一位。资本博弈，就是现代人类的战场。要消灭敌人，须先保存自己。市场的交易机会无限，自己的本金却是有限的，不能在每一次的下跌中保全自己，再多的浮盈也无意义。（附注一下，资本市场所谓纯洁的“投资”，顶多就是个时间长一点的投机，目的都是盈利，无须厚此薄彼，分成两类）

几十万亿元体量的股票市场，后面还有能量无限的国家资本和虎视眈眈的海外资本，一旦运转起来，就是一架无情的巨兽，所有试图与之对抗的逆向操作，都会被毫不留情地“屠杀”，只有能够顺势借力的，才可以吸取市场的能量壮大自己。

兵法有云：“昔之善战者，先为不可胜，以待敌之可胜。不可胜在己，可胜在敌。”大意就是，一个战争艺术高超的指挥官，先要想方设法让自己的军队立于不败之地，然后等待有利的时机战胜敌人。至于敌人有没有可乘之机，这个取决于敌人，不完全受我们控制。但是通过刻苦训练、加强防御和收集情报来保全自己，这方面的工作能不能做好，完全由我方自己决定。

这个法则用于资本投机的战场，仍然合适。从这个角度来说，投机盈利，建立在自身资金安全的基础上，具体到交易中，就是立足于做空模式下的适当做多。股票做空可以是无条件的，做多是则有比较苛刻的条件。

首先是资金布局。任何时候，对于买点的进入，都要有一个“如果买入错误”的保护措施，用来化解走势向下所导致的风险。

然后是所有的交易都建立在一定的周期图表上。选定一个交易周期，任何时候不参与该周期均线向下的走势。比如，根据你的个人交易风格，决定自己的交易周期是 30 分钟走势，那 30 分钟所有可能发生的走势都在你的观测之中，一旦发现自己的操作陷入一种与现实走势相反的状态，那么就意味着你将进入了一个30分钟级别的屠场里，任何该种状态的延续就意味着亏损或失败。一旦进入这种状态，唯一正确的操作就是卖出。

走势周期联立分析的应用价值在于，当大周期走势能量没耗尽时，如果一个小周期的买卖时机和大周期的走势方向相反，而该大周期走势没有任何衰竭，这时候参与小周期走势的交易，就意味着要冒着极大风险，如同赌博。比如在一个日线下跌的第一段，就去参与其中的5分钟周期的上涨，由于5分钟周期上涨的合力被日线周期下跌的合力压制，其后5分钟周期的下跌可能直接发展为日线周期的下跌。

买入股票，即进入做多模式，先要搞明白几个问题：目前的位置是买入时机吗？是哪个周期的时机？上一级别周期的走势如何？当前各周期走势如何？大盘的走势如何？该股所在板块如何？你对这股票的情况分析得越清楚，操作才能更顺利。

至于买卖时机判断的精确度问题，那是一个实际操作与交易理论不断总结、印证的问题，但这个交易的基本原则不能轻易自我否定。买卖的原则比精确度更重要。无论你对买卖点判断的精确度如何，也必须以“在买入、卖出的时机交易”这个原则来要求自己。即使还没有形成判断走势的直觉，也要强迫自己去执行，否则就不要交易。

刚开始用原则来要求自己，会觉得很不自由，但这正是在帮你战胜精神世界的波动。等到后来适应了，就做到了操作习惯与理论合一，那么股市对于你来说，再也不是充满未知风险的迷局了。

至于具体的交易周期，如果判断走势不够精准的，就不能频繁交易，因为多一次判断，就多一次出错的机会。即使是超短线，至少用30分钟以上周期来操作，才是适合的。

市场走势的发展，是多方面合力的结果，也包括基本面上的因素。基本面，又牵涉更大面积的宏观面，超级资本的利益和国际的政治、经济格局。微观面上，参与市场的资金量、综合指数的走势位置、个股走势所处的位置，也都应当纳入可分析的视界。

本质上，炒股是一个投机博弈而已，跟这些因素是不搭界的，其更深的原因是投机决策关乎利益得失，一切可以被纳入精神世界的对象，都会对交易者的买入、卖出权衡产生影响，而这个可能的影响又会成为其他投机者的预期，被加入到提前量里。反过来，其他投机者的预期也会反馈到你的精神世界中，再次交叉放大它的影响力，最终使它事实上成为影响股价走势的一个分力。

比如，一个有名的股评某日喝醉了酒，晕乎乎地在博客写了一篇《大盘指数后市走向》。他本来是要输入“向上”两个字的，结果不小心输入了“向下”，然后就睡觉去了。由于该股评粉丝太多，大家看了以后本来不以为然，但是你不能保证别人也不以为然啊，管他三七二十一，先卖掉股票再说，万一跌了呢？三十六计，走为上。问题是，大家不约而同都是这样想的，结果，指数真的因此而下跌了。其中的逻辑虽然可笑，然而这就是股市现实的一部分。

第 5 节 做多模式

买入获利，最常见的说法就是低买高卖，这是比较模糊的说法，在实际交易中没有可操作性，等于没说。低，哪个位置是低？后面还有没有更低？高，具体哪个位置才是卖出的时机？

但从本交易系统的视角去看，股价的一切走势，都清晰地置于由买入时机、卖出时机所连接的二维图表之中，从合力的角度对走势进行逻辑构造，其应用价值就在于此。

因为不同周期走势的自相似性，大周期的买点、卖点之间又包含了小周期的买点、卖点，高效率的交易就是充分利用好各级买、卖时机，用时间差创造出最大的盈利。

比如在大周期买点买入的，在低周期走势向上合力衰竭，量价顶分型或 K 线走势顶背反出现时，可以先退出，然后在低周期下跌趋势合力衰竭，出现低阶买点时再次买入。对于在周线买点买入的，就应该利用日线的顶背反退出，其后在底背反买回。——在买入与卖出之间的持股，就是“等待”，等待卖出时机；另外，在卖出之后，买入时机未到，也是“等待”，等待买入时机。在这必要的等待之外，轻率的勤奋交易将会破坏买卖的节奏，让自己处于非常被动的不利局面。

股票本质上没有任何使用价值，只是用来交易获利的凭证。如果股票失去了流通、交易的功能，就会瞬间成为垃圾，平时所谓的价值、投资之类马上成为泡影。如果交易的心性修养、交易素质不到位，任何股票都会让你倾家荡产。所以股市里只有失败的交易者，没有失败的股票。

形成高效率盈利的具体做法，是在一个胜率最高的交易规则下机械化交易，杜绝各种不确定的猜测、赌运气，每次都按照一个固定的程序来，下面以一个30分钟走势为例说明。

从一个30分钟周期的下跌趋势底背反即低阶买点开始，首先必然出现向上走势的第一段，根据其5分钟周期的内部结构，可以判断出该5分钟周期走势的上涨转折，先卖出，然后必然有30分钟周期向下的第二段，到这里会出现两种情况：

（1）不跌破第一段低点，重新买入；

（2）跌破第一段低点，如果与第一段前面的向下段形成走势背离，也重新买入，否则继续等待，直到出现新的下跌趋势底背反才买入。

在第二次重新买入的情况下，会出现向上的第三段，同样面临两种情况：

（1）超过第一段的高点，超过后，往后的发展只会有两种可能，即出现走势背离和不出现走势背离，如果第三段对第一段发生走势顶背离就卖出，如果没有，就持股不动；

（2）低于第一段的高点，对于这种情况，一定是先卖出。

以上整个交易过程可以不断重复下去，直到30分钟周期向上的走势出现转折为止（一个顶分型低于前一个顶分型）。以上就是30分钟周期做多模式全过程。

其他周期的，以此类推。本系统无所谓长线短线，也不是只能做其中的一种。你选择周线、月线周期走势，寻找它的买卖时机交易，就是所谓的长线，并美其名曰“价值投资”。选择日线、30分钟周期走势交易，就是短线了。其基本原则完全一样。

做多模式，就是一个先买入再卖出的过程。一旦该向上走势出现了趋势顶背反或阶段顶分型，就要进入做空模式了，先卖出，等待下跌合力衰竭再买入。

在这个模式上，交易盈利的效率还可以再提高一层。

（1）选择股性好的股票，就是流通市值小，所属概念、板块活跃，股价历史走势波动幅度大的。

（2）不参与大周期走势低阶买点，因为低阶买点虽然下跌合力衰竭，但是上涨的合力还未形成，后面不一定会有大幅上涨。横盘、筑底会浪费许多时间，而且在方向不明的琐屑上涨、下跌中，更容易触发自我否定，造成错误判断。为了提高效率，只参与上涨合力已经形成、走势均线向上的中阶买点和高阶买点（即“顺势买点”，后面会有针对性说明）。

（3）交易周期不能太大，选择一个周期小一点的，有足够反应时间的就行了。从日线周期买点进入，以30分钟走势为交易周期，具体买卖的时机观察5分钟周期的，这样比较合适。在确定性相同的交易背景下，当然成功的次数越多，获利越大。

（4）只要低周期图表上出现走势背离或者形成下跌的一段，

果断退出。退出以后，可能又会出现新的买入机会，但是前面的卖出仍然是必要的，不能否定，这既避免了风险，也节省了可能会进入盘整的时间，而有钱就可以参与其他股票出现的机会。

以上过程可以简洁概括为，股票交易中，能产生盈利的买入，即是在上涨的走势里“顺势”。

因为股价走势的波动只有三类：上涨、下跌、盘整，以及连接这三种分类的转折点。对于盘整与下跌，对应的措施是不参与，所以值得买入的就只有两种情况。如图 5. 5. 1 所示，第一个是由下跌衰竭导致的、连接下跌与上涨走势的“转折”买点，后面两个是已经确立的涨势里的“顺势”买点。

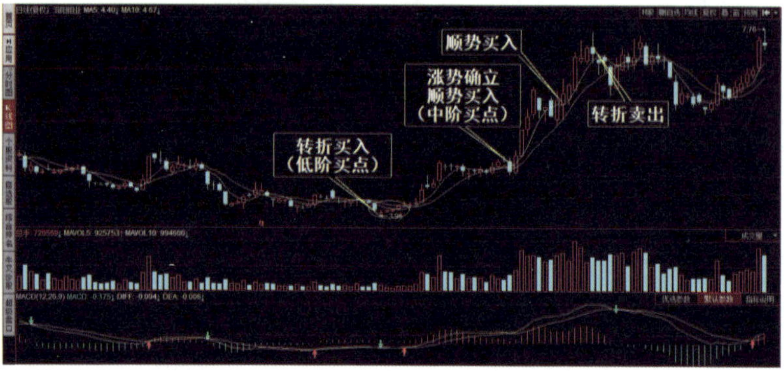

图 5. 5. 1　股价走势里能产生盈利的买点类型

图 5. 5. 1 用直观的图形说明了股价波动的客观事实——任何上涨与下跌走势，必然从一个转折的位置开始，站在做多的角度，导致上涨走势的转折点，是第一个值得买入的时机，然后就是上涨中途的顺势买入，这是第二类买入时机。如果要进一步提高精度，这个买入时机就在上涨趋势未改变（底分型低点比前一

个底分型低点高）的前提下，走势每一次回调所构成的阶段底部，这都是做多的时机。

与此同理，站在做空的角度，导致下跌走势的转折点，是第一个值得卖空的时机，后面在下跌中途的顺势做空，是第二类卖空时机。精确地说，在下跌趋势延续的前提下，每一次反弹高点，都是卖空的有利时机。以上交易法则更适用于期货交易，要保证这个交易规则的总体胜率，如前文所强调的，只需要在买入的同时，随买点预设一个止损卖出价。如果走势不如预期，到了预设的位置，小幅亏损自动卖出。如果走势如预期，随着趋势的向前发展，则把预设的卖点位置随趋势不断地向前推进，这样可以保证在正确的时候，盈利的幅度很大，而在错误的时候，亏损的幅度很小，相当于给交易盈利上了一道保险。即使对买入、卖出时机把握的不够精准，仅凭这种不对称的亏盈收益比，都可以战胜股市。

在实际交易中，由于判断转折点的难度，比判断涨势确立后“顺势”买点的难度要大很多，所以效率较高的买入都是第二类买入时机——在上涨走势里顺势买入。所有关于股票交易的理论，无论是国内的还是欧美的，无论各种派别、各种术语，有利的买入时机归根结底就是这两者——转折买点和顺势买点，只是在不同的理论派别里，使用了不同的术语名词，比如称之为第几浪，或者叫 1 买、2 买、3 买，或者叫低阶、中阶，或者从资金流、筹码供求关系等视角确定买点，或者其他。凡是具有实践效果的有利买入时机，都不可能脱离走势客观事实，本质上只能是转折点与顺势。在学习的过程中，不要被此类文字游戏绕晕了。

由于走势的根本结构可以简化为由若干顶、底分型所构成的“折线结构”，因此也可以把买入卖出时机进一步简化为折线结构的量价双重顶、底分型。所有的买入时机，必定对应着折线结构的底分型，同理，所有的卖出时机，必定对应着折线结构的顶分型。在这个原则下，具体买入、卖出的精准时机，结合周期联立分析就可以得到。

第6节 多、空双向模式——期货

在现有的规则下，股票交易只能在上涨的走势里获利，盘整与下跌都是要极力回避的对象，做空与做多两类模式，只有做多的模式才有建仓价值，其余时间最好的操作，也只能是等待时机。但在投机博弈市场，有另一个品种——期货，是多、空双向都可以获利的，正是本交易体系可以充分应用的领域。如前文所说，在转折与顺势两类买入时机里，期货交易可以谨慎对待“转折”买点，大肆运用“顺势”买点，则多、空双向交易模式可以在期货交易中左右逢源，极大地减少选股、板块轮动、等待做多时机所消耗的精力。

首先强调进入期货交易门径的第一个重点。期货的双向交易模式并非可以随意启动或切换的，无论是做多还是做空，必须有一定程度的稳固性、一致性。本规则由期货（股票也一样）走势合力方向相对的稳定性、方向性决定。具体来说，比如以做空为例，在空头合力明显强势或多头合力弱势的时候，可以启动做空模式。问题的关键是，不能遇到微小幅度的反转或击破止损，就轻易切换到与之相反的做多模式。正确的应对措施是，等待走势更高的顶分型或者上涨合力衰竭更明显的位置，再次做空。如果在自己的理解能力内，没有出现明确的可以做空的时机，放弃本次交易。这就是交易模式的一致性，做多模式的一致性与之同理。

在一个大的周期下，如果是做空，在走势的变化过程中，需要等待的开仓时机就是小周期上出现的多个做空的时机（上涨衰竭)。与之同时，放弃似是而非的做多时机，以此保证判断的敏锐性，踏准买卖的节奏，直到走势出现大级别转折。其后一旦进入做多模式，便要谨慎等待可以做多的开仓时机，同时过滤掉零碎出现的做空机会，保持交易方向相对的、有限的稳固性、一致性。大周期趋势对微小周期波动的压倒性优势，其逻辑支撑是代表了绝对实力的大体量资金相对于零散小资金的压倒性优势，具有前瞻性的、坚定的意志力相对于短视的、游离的意志力的压倒性优势。

与之相反的做法，是普通期货交易者所要面对的第一个造成巨亏的陷阱。在琐屑无聊的波动中，反反复复地在多、空之间频繁切换，跟在走势的后面，胸无大局地被动买多、卖空，妄想通吃所有的交易机会，这是快速亏损的最佳策略，足以让交易者在期货走势里迷茫，进而令迷茫的人生更加迷茫。

由于期货交易的高杠杆性和高风险性，在双向交易操作正确的前提下，是双向盈利；如果操作错误，则意味着双向亏损。相对于股票交易，期货的走势变化更剧烈、更频繁，正是因为这个特性，期货走势对行情的判断，比股票更加依赖于纯粹的K线语言，以便在第一时间作出反应，执行更加精细和简化的交易规则，而且把止损放在绝对的第一位。

个人认为，如果股票交易都没有合格，不能实现稳定盈利，证明交易技能与心理素质还有很大的提高空间，此时不建议进入期货领域，否则亏损的速度会提高一倍以上。

在前文走势的形态、走势的力度、合力衰竭、周期联立、买卖时机等相关知识的基础上，建立期货交易规则，就比较容易了。下面从开仓目标、顺势、止损、开仓时机等视角来阐述多、空双向模式在期货交易里的具体应用。

立足于投机的角度，期货开仓的目标以单边走势的确定性为第一个考察条件。单边上涨趋势或单边下跌趋势越流畅越好，以便于在上涨的趋势里顺势做多，或者在下跌的趋势里顺势做空。其他的因素，比如商品品种、个人喜好、保证金数额、手续费、佣金等，只能作为筛选开仓目标的次要条件。

把期货走势的趋势性作为战胜期货的突破口，是针对期货走势固有的特点制定的。与股票走势在下跌行情里会让大多数股民反感不同，期货走势一旦形成下跌趋势，会招致大量狂热的顺势做空者，甚至原本的多头也毫不介意反手做空。与上证指数持续大跌导致哀鸿遍野的局面相反，期货里大宗商品的持续暴跌与大幅上涨一样，都是值得津津乐道的火爆行情——期货交易的多、空双向机制，天然稳固了期货走势合力的趋势性，一旦形成趋势，无论在任何周期，让趋势转折的作用力都要大于股票。针对这个特性，在战略上可以把期货"趋势性"的优势（也可以说是弱点、命门）放大到极致，处处加以利用。

期货单边走势的判定，由走势的周期和形态体现，如果你的交易周期是日线，就寻找日线单边走势流畅的，避开盘整区间。同理，如果交易周期是30分钟或5分钟、1分钟的，寻找的目标也是该周期单边走势流畅的，多个走势中继不断上移，是做多的目标；多个下跌中继连续下移，则是做空的对象。

交易的对象确定之后，下一个问题就是止损的设立。比如在一个上涨走势里顺势做多，随多仓建立的时候，把最近的支撑位（底分型的底）稍低的位置设为止损。如果继续上涨，止损则随之上移；如果跌破止损，自动平仓，不需要猜顶。

同理，在一个下跌走势里做空，随空仓建立的时候，把最近的压力位（顶分型的顶）稍高一点的位置设为止损。随着行情向下发展，止损点跟随下跌趋势推进到更低位置，不需要猜底。止损的设立，就包含了对波动幅度、平仓时机的预判，并且由走势自己去触发——走势本身的权威性和有效性，高于一切主观的推测。

如图5.6.1所示，在已经形成的单边下跌趋势里，顺势做空。

图5.6.1中的顺势开空仓，只有该走势转折为上涨，才能证明买入错误，那么就在上涨的必经之路，设一个止损，让行情自

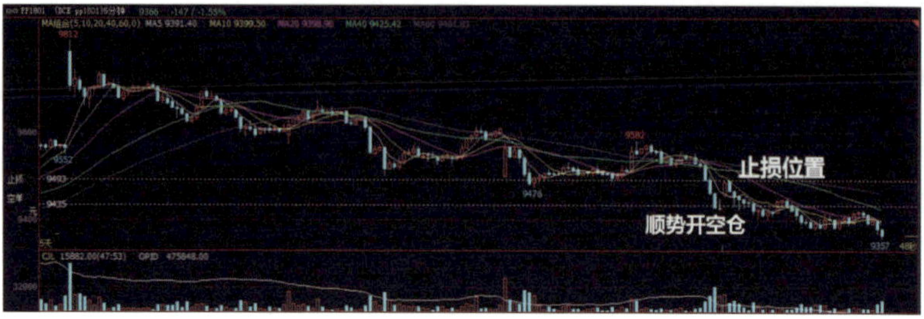

图 5.6.1　PP1801 顺势开空仓，以及止损的设置

己去发展。

如图 5.6.2 所示，如果买入正确，就会盈利，走势一直向下发展，也不需要猜底，把止损随趋势一路向下推进。

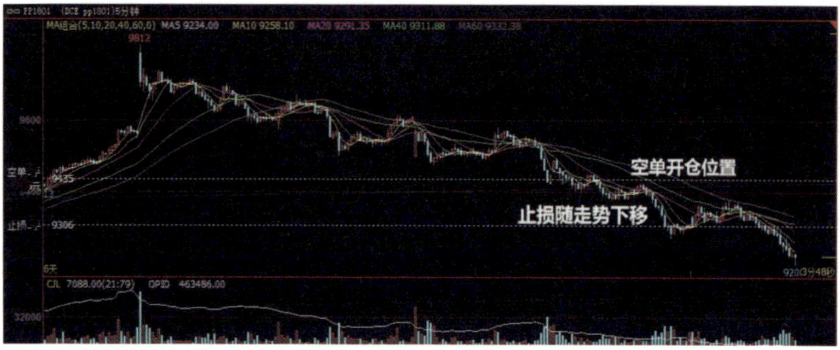

图 5.6.2　PP1801 止损位置随走势的发展向前推进

在下跌衰竭之前，是无法推测走势转折的具体位置的，谁知道它要跌到哪里？只有走势自己知道。当走势触发预设的止损，就是平仓退出的时候。这样的设置可以保证，如果遇上较大的行情，可以获得整个趋势的大部分收益；如果买入错误，只在有限的幅度内亏损。（另外几种平仓方式，可以作为辅助手段，比如根据持仓的时间、盈利的幅度以及对行情的预判，即时平仓）

如以上所述，仅仅是顺势开仓，就能大概率实现期货交易盈

利，当然是低估了期货走势的复杂性，所以在顺势的基本观点下，还要注意两点：止损幅度和走势周期。

如果设置的止损幅度太小，就会被正常的走势波动轻易触发止损，被动平仓出局，即使做对了方向，也会亏损离场。另一方面，止损幅度太大，盈亏比例不占优势，一旦开仓方向错误，就是大幅亏损，盈利的幅度却是未知的，这样在盈亏比上就处于不利位置。

如图 5.6.3 所示，以白糖的行情为例分析如下。

图 5.6.3　白糖 1801 顺势开空仓与止损设置（5 分钟走势）

白糖 1801 在 30 分钟走势上，空头行情很明显，基调就是做空，但是止损设在哪里？

如果设置在比较小的幅度里，比如开仓位置高几个点的地方，或者走势横盘的高点，由于前面的急跌，后面要面对的情况就是，在 5 分钟、1 分钟走势里会有剧跌的超短多头行情，轻易就能触发止损，平仓出局。如果反手做多，后面的行情已经证明了，会亏更多。这种状况，就是期货让人两边挨耳光的现实。

顺势交易，在各种教科书的指导下，大多数期货交易者都会这么做，问题是顺势也亏损，就让人无所适从了，这其实就是止损的幅度问题——要留给走势一个波动空间，把止损设置在波动幅度之外，才能提高顺势交易获利的成功率。因为期货、股票即使沿着原趋势向前发展，也是以波动、中继的形式前进，不会出现理想状态的直线运动。（对走势波动幅度的把握，请结合前文走势的形态、力度、周期以及实践经验综合判断）

如图 5.6.4 所示，白糖 1801 在盘整期间，有几次向上的反弹，由于止损位置在反弹的顶部之外，没有触发止损，小周期走势上涨衰竭之后，走势向下跌破盘整的低点，延续空头行情。

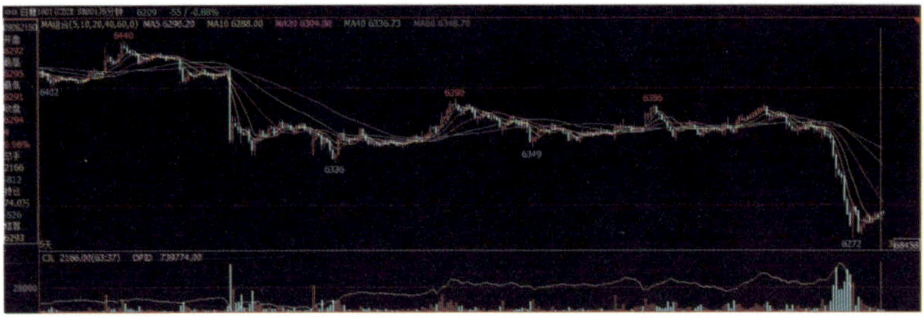

图 5.6.4　空头行情在盘整两天之后，继续向下发展

如图 5.6.5 所示，在这种行情下，不需要猜底，基调仍然是做空，止损位置也随下跌走势下移。

图 5.6.5　在原趋势延续的情况下，继续顺势做空

在顺势交易的前提下，另一个问题是走势周期。周期的大小，决定了期货趋势的稳定性和行情发展的幅度。期货走势多、空双方每时每刻都处于波动之中，太小的周期稳定性极弱，轻易就能转折，导致开仓的方向在多、空之间频繁切换，无论是做空还是做多，都容易令人自我怀疑、自我否定，而且极小的走势周期上能够维持的行情也是有限的，意味着即使开仓正确，所能获得的收益也十分有限，再与亏损的交易盈亏相抵后，总体上获利困难。

综上所述，太小的周期会导致高频交易和极短线交易，成为总体胜率的不利因素，所以需要大一点的周期把无足轻重的小级别波动过滤掉。从投机的角度来说，综合考量期货的杠杆和交割因素，一般使用 30 分钟周期去评判多、空趋势比较合适。太大的周期，比如周线级别，其回调和有效止损的幅度将会是一个相当大的百分比，这是资金账户无法承受的。

用 30 分钟周期去参与期货行情，并不会导致周线、日线行情的错失，周线、日线无论是空头还是多头行情，必定由 30 分钟走势逐步发展而来，绝不可能跨越式跳空发展。比如一个 30 分钟周期的多头行情，阶段性平仓后，在原趋势未转折的情况下，会出现再次买多的时机。这时候开仓方向依然是做多，随着走势扩展为日线、周线行情，30 分钟走势可以分段蚕食大多数多头利润，甚至比按日线走势持仓收益更高。本节的第一个重点，开仓方向的一致性、稳固性，就可以解决这个问题。

如股票交易一样，在确立了期货交易开仓目标、顺势、止损幅度、交易周期等基本规则之后，剩下的问题就是开仓（买入）的精确时机。

在顺势的前提下，考虑到低周期里的逆向波动幅度，开仓时机应在波幅的中心点之外，靠近止损的一侧。具体就是，如果做空，就是次级别上涨走势的顶分型附近，如图 5.6.6 所示；如果做多，则在次级别走势下跌的底分型附近；在大周期走势的制约下，逆向波动在这里更接近于走势衰竭，也难于突破预设的止损。

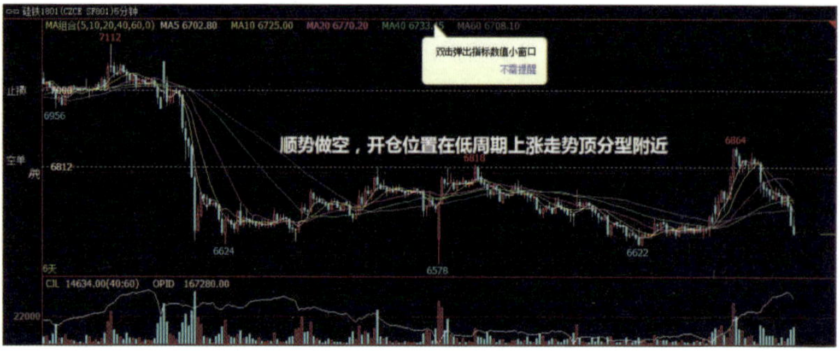

图 5.6.6　硅铁 1801 开仓位置与止损设置

以下跌趋势为例，如果说在交易时机泛滥的期货走势里，需要等待时机就是等待这个逆向走势的顶分型。在逆向走势不足以改变原趋势的前提下，所有的上涨绝非反手做多的时机，如图 5.6.7 所示，恰恰相反，正是顺应大级别走势顺势建立空单的最佳位置。

期货的开仓时机分类，如上文所说，有“转折”与“顺势”两种，然而这两种并不存在绝对的界限。以 30 分钟走势做空模式的顺势买点为例，比较理想的开仓时机就是该下跌趋势里的顶

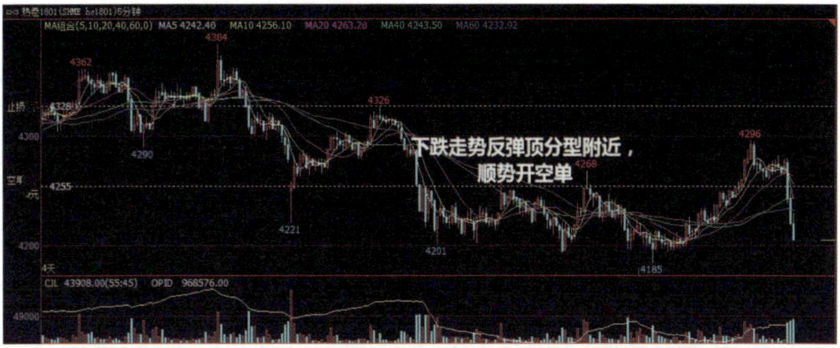

图 5.6.7　热卷 1801 空单开仓时机在低周期走势上涨顶分型附近

分型附近（以上涨走势合力衰竭为准，不一定是低周期上涨走势的第一个顶分型，也许是第二个、第三个）。这个“顶分型”，对 5 分钟、1 分钟周期来说，就是它的转折买点；30 分钟周期做多模式的底分型顺势买点与之同理，必然也可以归结到次级别走势的转折买点，因此走势的“转折”买点，即某周期走势自身的转折，作为两类买点里的一类，也不能偏废。

如图 5.6.8 所示，2017 年 9 月 19 日锰硅 1801，结合 K 线顶分型、成交量顶分型与日线、30 分钟线的走势位置，判断该处为上涨走势衰竭。即空头走势上产生的第一个买点——转折买点，该走势上其后所有的做空模式开仓时机，都是顺势买点，如图 5.6.9 所示。

图 5.6.9 为 2017 年 9 月 25 日锰硅 1801 早盘 30 分钟走势图，期间 5 个交易日盈利 104%，止损位置也随走势推进了几次。从该合约上涨衰竭的转折买点开空仓，随着行情的发展，合理地推进止损，在止损幅度内的波动忽略不计，只看结果。如果有效击

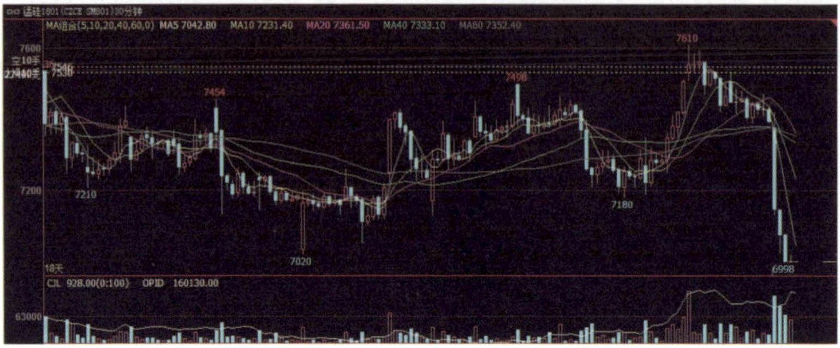

图 5.6.8　锰硅 1801 做空模式，30 分钟走势转折买点

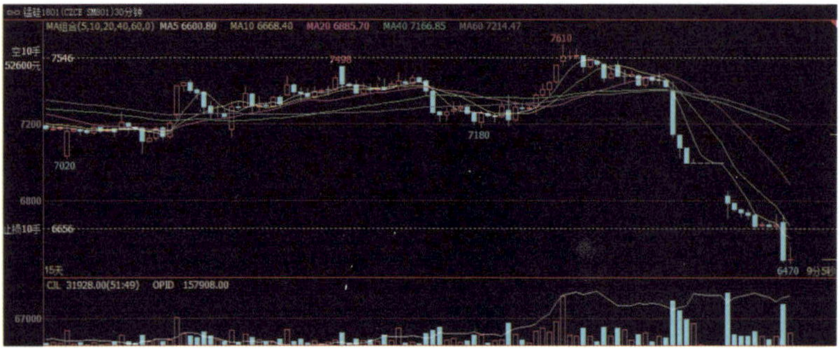

图 5.6.9　止损位置随走势向前推进，无须猜底

破止损，就自动平仓；不能击破，便继续“得寸进尺”。从“波动”的视角看走势的运动，由此可以把似乎复杂的走势极度简化——只需要判断 A 轮波动与 B 轮波动的高低关系，至于波动的内部结构，无须深究，把它视为一个整体就行了。

本节内容，以下跌空头走势为例，讲解了做空模式在期货交易中的应用，至于做多模式，与之同理，整只股票交易获利，就是建立在“做多模式”之上的。前文对此多有详解，限于篇幅，不再赘述。

第7节 买入、卖出时机再论

由期货交易多、空双向模式里常态化使用的顺势买点，可知股票、期货以及所有以K线形态为价格走势的金融投机品种，其买入时机都可以极简归纳为“顺势”与“转折”两种，而且只有这两种；在此视角下，卖出时机便只有“转折”一种。在实际交易中，可以把反方向的走势幅度量化，作为判定转折的标准（如果事后才知道是转折，没有操作意义）。由于对走势顺势、转折的理解，直接关系到买入、卖出决策的核心，所以有必要从买入、卖出时机的角度，对顺势与转折再次深入解析。

顺势交易所跟随的走势，不可能无限延伸，任何“顺势”的两端，都分别被两个转折锁定，一轮走势必定从一个“转折”开始，到下一个“转折”结束，在这前后两个转折端点之间，就是可以顺势的部分。难点是，股民不知道转折什么时候会出现，当你小心防备的时候，它并没有出现，你失去了顺势的机会；当你放心顺势买入的时候，转折来了，顺势失败。所以顺势交易者，不知止损幅度必败，不知走势转折必败。一个把注意力全部放在趋势的顺势交易者，遇到走势转折，大幅亏损一笔，甚至会让他自我怀疑顺势交易是不是错了？顺势交易是没错的，但是一定要把走势转折合并到一起去研究，顺势的时候，提防这个转折，最好是利用这个转折作为另一类买点。

因此一切买点本质上都是转折与顺势两种买点，实际上忽视了任何一种，另一种也不能把握到位，类似于瘸子。转折买点在一个完成的走势里只有一个，而顺势买点必定会有多个。其操作意义就是，可以常态化使用顺势买点，慎用转折买点或者放弃转折买点。

如图 5.7.1 所示，一切走势的买点，都可以归结为转折与顺势，在图表上也唯有这两类简洁直观的买点。

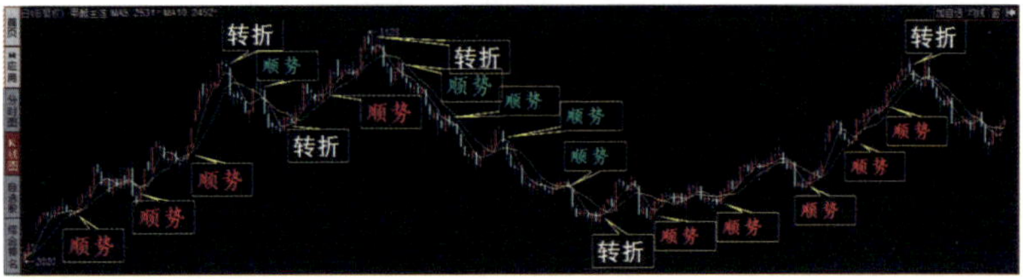

图 5.7.1　两个转折的端点之间，便是走势可以顺势的部分

转折和顺势是两个非常熟悉的炒股术语，只是前人没有把“转折”与“顺势”形成一个有机整体，讲转折的眼里没有顺势，抄底、猜顶爱好者就是频繁对赌走势的“转折”，遇到原走势的延续（即顺势），就输了；趋势跟随者一直顺势，眼里没有转折，遇到走势转折，也输了。

图中走势（期货甲醇）红色的字体就是在涨势里顺势做多，绿色字体就是在跌势里顺势做空。如果是股票，做空就是持币。

由图可知，任何一个涨势或者跌势的两端，必定是转折；对于一个走势，顺势买点有一个以上或多个，转折买点只有一个。

在一个完成的走势里，一个股民如果一直顺势，原则上只会错一次，就是遇到转折。转折点虽然出现的次数少，但是幅度大，它的杀伤力不能小看，所以设置止损的作用，就是在顺势的同时，防备走势的转折。

如果一直抓转折买点，下跌时抄底，上涨时押顶，会错很多次，唯一的好处是，如果每次能迅速止损，只要抓对一次，能赚一笔大的。

同一个转折，对多头和空头的意义相反，如图 5.7.1 中上涨走势的终结，第一个转折对多头来说，是卖出时机，但对空头来说，是下跌的开始，是买入时机。下跌走势的转折反过来就是。

买入一只股票或期货，每一次至少自己要清楚，买入的理由是转折，还是顺势？有了这个准备，走势的变化就只能在预料之内了。

把走势纷繁复杂的买入时机、卖出时机统一简化为“转折”与“顺势”，股票操作胜败的一切原因都可以在这里找到。对于转折爱好者，只有原走势的延续，才能让你失败；对于顺势交易者，如果失败，那一定是遇到走势转折了——除此之外，没有其他神神怪怪的原因。

股票交易，除了买入、卖出时机，也没有其他东西了，把这个时机根据走势的客观情况，统一为“转折”与“顺势”两类，有利于股民提高学习效率，直接进入交易的大门，更有利于股民在实践中的操作、成长。因为每次无论对错，你都知道问题就在这里面找，把精力集中在这个小小的点上，容易突破。

炒股这件事，吸收前人智慧，统一关键概念，是很有必要的。一个股民长时间在股市耳濡目染，肯定不止接触到一种理念，时间越久，各种不同的理念越多，在思维里互相掐架，互相抵消，如坠云雾，还怎么进步？还没看明白走势，就被理论搞晕了。

只要是关于涨跌的走势，都可以视为转折与顺势的连接，不论什么股票、期货都一样。

那么面对一个走势，如何判断该顺势做空，还是顺势做多呢？当然有个简单、科学、令人满意的办法。要知道走势的方向是向上还是向下，以便于顺势买涨或做空，等一轮走势结束了才知道，当然没用。这个问题到此，很大程度上可以从简单几何的角度解决。小学四年级数学课本上册，《直线、线段、射线》一课告诉我们："在同一个平面内，两点决定一条直线。"两点决定了唯一的直线，也决定了直线的方向。

如果把这个常识应用在股票走势图中，是否依然如此呢？

图 5.7.2　股票走势中两个相邻的依次上升底分型或依次下降的顶分型决定了走势方向

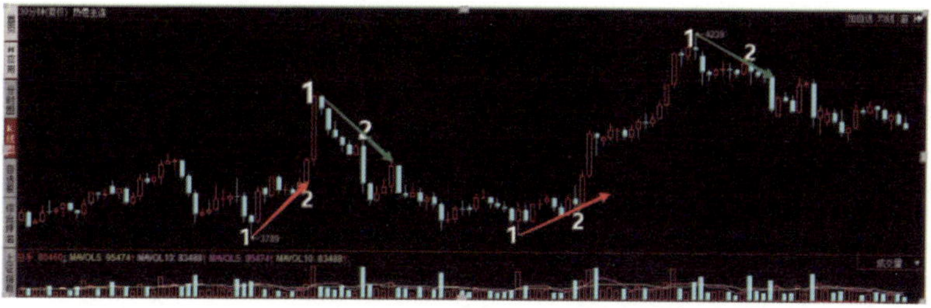

图 5.7.3　期货走势中 1 处与 2 处两点确定走势方向

如图 5.7.2 和 5.7.3 所示，股票格力电器和期货热卷，只需要两个点，就能确定走势方向，即两个底分型的底，或两个顶分型的顶。如果要进一步精确，在 5 分钟走势上使用就行了。图中每一次方向的确定，都仅仅需要 1、2 两处的点，就得出了走势方向，剩下的是顺势做空还是做多，便一目了然了。

第 8 节　破解非逻辑因素

股票交易体系至此，从走势最基础的形态到买入、卖出体系的建立，以及交易的主体——股民精神世界的变量对交易行为的影响，共同构成了走势变化的逻辑部分，隶属于走势图表的逻辑学范畴。

但是实践证明，如果与其他学科一样，用纯粹逻辑的眼光去看待股市和股票交易，许多现象依然无法解释，甚至许多交易的结果令人难以接受，根本原因在于纯粹逻辑有其视角盲区，股市与股价走势并非只有逻辑性一个维度，还有非逻辑因素，就是对赌概率，正是这个“走势逻辑性＋对赌概率”的混合体，才最终造就了强大的股市，有足够能力吞噬投机者的利益并且让自己发展壮大。

要进一步完善交易体系，清除纯粹逻辑的视角盲区，就不得不把股市现实中存在的“对赌概率”剖析清楚，破解对赌概率所指向的非逻辑因素。一个交易体系，只有在走势的逻辑部分和非逻辑部分拥有全面的优势，才是无懈可击的。如果说合力是研判走势逻辑的“神”，“对赌概率”就是股票交易的“神”，两者虽然不显现为具体的形质，却是无处不在的幕后主宰。合力决定走势方向，对赌概率决定投机生涯的总体盈亏。为了 360 度全面鸟瞰股票交易的全貌，在此处须耗费若干篇幅，引入“对赌概率”一词，填补走势逻辑力所不及的空白，进而在概率方面也建立起自己的优势。

如果提问“威力最大的是什么”，许多人会从直观的角度理解为核弹，也有人从抽象的角度理解为复利，但是这两样东西，它的实施者也会被核弹与复利的威力反噬，所以它们只能在理想状态下强大，几乎无法广泛实行。而一个设计好的对赌概率，可以摆放在那里，只需要一名普通人守关，任凭 1 万人次、1 亿人次、10 亿人次，甚至 100 亿人次密集攻击，即使集中全世界的天才和专家，穷尽毕生精力，也无法战胜——因为对赌概率是超逻辑的，对天才和痴呆一视同仁。与古老的对赌概率依旧震撼的威力相比，航母、核弹、病毒之类复杂科技，当代许多现成的专家早就能批量攻破了。

更可怕的现实是，在足够悬殊的对赌概率下，攻击这个对赌概率的人数越多，次数越多，它的稳定性越牢固，胜率越稳固，而对攻击者来说，则是败率越牢固。事实上，当今世界最顶尖数学家、物理学家、逻辑学家，几乎都有过自恃才高试图破解博彩对赌游戏实现财务自由的经历，但最终都以失败告终，只能老老实实回去研究学问。

久远以来就被广泛应用的“对赌概率”，或者简称“概率”，其巨大威力堪称思维界的核弹，以一个简单的10∶1对赌为例，从1到10共10个数字，每次开奖其中一个任意数字，赔率为3倍，即投中1万元得3万元，只需要请一个小朋友坐庄就行了。在这种对小朋友有利的对赌概率下，即使千万人去玩这个游戏，无止境地买下去，即便你是爱因斯坦重生，最后的赢家都会是那个小朋友，这是没有悬念的。

由此可知对赌概率发挥出杀伤力有两个前提条件（以双色球为例）。

（1）基数。

双色球最大赔率的玩法（2元对赌500万元）是“33选6”+“16选1”。这种设置只是为了掩盖对赌概率的恐怖，免得吓跑客户，实际的对赌概率是17721088∶1。基数越大，才能消灭越多的对赌者，同时把单个对赌者的威胁降到最低。要战胜对手，完全不需要如此大的基数，实践证明，非法地下彩49∶1（赔率相应降低点，40倍），就完全压制全场了。

当一个股民经常考虑的问题就是选股、抓涨停、追热点、潜伏板块，实质上就陷入了一个大于300∶1的对赌概率里。与之相反，主力资金几个月甚至几年只经营一只股票，却无形中消除了选股概率的不利影响。

（2）对手盘规模。

2 元一注的对赌，每周销售大约 4 亿元。当总量达到这个规模的时候，即使完全公正的操作，主办方的赌局也稳如泰山，稳赚不赔。

但深入演算一下，虽然对赌概率占优势，如果每期只有 10 个人买，或者 100 人买，销售规模只有几百元，但只要有一次某个幸运者中了 500 万元，那么福彩中心的总体亏损也是注定的。所以除了优势概率之外，对手盘规模也是胜率的重要保障。

对手盘规模不仅仅取决于人数，在对赌次数上也会体现出一样的效果。比如光头强与熊二玩对赌游戏 10 选 1，光头强每次给熊二 1 粒糖，获得 1 次选择机会，如果选对，熊二赔 3 粒糖。在这个赌局下，光头强如果只参与 2 次，从庄家的角度，熊二并不能保证必赢，甚至会亏，但是如果对赌 100 次，或者从晨至暮，从春夏到秋冬，赌 N 次，估计光头强砍树的工资都拿来买糖还不够输的。

当一个股民在一只或几只股票上频繁切换，砍仓又立即买入，买入后又轻易出局；换做期货，在多、空方向上毫无一致性，买多又换作卖空，开仓没有几分钟，又反手做多，反手之后又反手；无形之中，自己就扩大了对手盘规模，也使自己的败率更稳固。

如果认为概率的威力只能在对赌中体现，那也太小看它了，下面再从军事、商业、金融方面稍微延伸一下，大家就能触类旁通，发现对赌概率的威力无处不在了。

对赌概率在军事上的应用，从古至今就体现在世界各国优秀将官的指挥艺术上。“攻其无备，出其不意”，理论概括的代表作就是孙武的《虚实篇》：

故形人而我无形，则我专而敌分。我专为一，敌分为十，是以十攻其一也，则我众而敌寡；能以众击寡者，则吾之所与战者，约矣。吾所与战之地不可知，不可知，则敌所备者多；敌所备者多，则吾所与战者，寡矣。

故备前则后寡，备后则前寡，备左则右寡，备右则左寡，无所不备，则无所不寡。寡者，备人者也；众者，使人备己者也。

这里的大意就是把两军对抗转换成了一个对赌的概率游戏。在双方国力接近的前提下，A 有 10 座城市，B 只要夺取 1 座就算赢，而 A 不知道 B 到底要攻击哪一座，只好分兵防守 10 座城市，这样，当 B 全力进攻目标城市的时候，双方的兵力对比就是 10:1。如果加上 A 不知道 B 究竟在什么时间进攻，实际的兵力对比还会大于10:1。在这种概率面前，B 战胜 A 几乎是没有悬念的。几千年的战争史，这一招简单的基本战术被运用了无数次，成功了无数次，将来还会被运用无数次，而且几乎无解。

在这个对赌游戏中，10 座城市中必定有 1 座城市可以作为攻击目标，这是绝对的。无论 A 如何防备，B 几乎都可以选择一个防备薄弱的目标。

在10选1的前提下，A几乎没有办法每次“分析”出B要进攻哪座城市。这种广泛的军事胜利，实质上就是数学概率威力的体现。一个小规模私人武装发动的超限战、恐怖袭击足以令超级大国焦头烂额，疲于奔命。

对赌概率在商业上的应用，以B2B、B2C第三方网络或实体平台为例，平台的角色相当于一个关于卖方的庄家，一部分平台店铺的繁荣代表了交易平台的繁荣。

当平台卖方的基数足够大的时候，会自动排列出销量的前几名，而且这个销量还很大，这是概率上的必然。在1000个或100万个卖家里，永远会产生销量的前几名或前20名，无论他是谁，这个繁荣的功绩都是平台的，但具体是张三还是李四，就不关平台的事了，而是卖家的事。第三方平台作为庄家，只需要把销量名列前茅的卖家放在首页，就能维持它的繁荣表象，但事实上，几乎任何一个商品，在交易平台上销量喜人的卖家都不到卖家总量的10%，甚至不到1%。随便搜索一个商品，从首页往后面翻，90%以上的卖家销量都是0。总之，在概率上，作为第三方平台，拥有销量冠军的概率接近100%，作为平台的参与者，成为销量冠军（排名靠前也算上）的概率远远低于1%。所以现代资本都喜欢去搞第三方平台，不愿意冲到前线。

同理，在股票交易这个产业链里，众多的资本都是在对赌概率上把自己设计到优势的一方，而不是自己直接炒股。配资、炒股大赛、基金私募这些事件，还有券商、交易所等产业链上游，都从股票交易中获得了巨大利益，但是它们的收益与所有痴心的股民不同，不是从股票的低买高卖赚来的。

提几个值得每一个股民深思的问题：

为什么提供高额配资方自己不炒股？为什么炒股大赛的举办方自己不炒股？基金、私募、券商，为什么不用自己的资金直接炒股？难道他们缺乏资金或知识吗？

其中的问题仍然是资本方高屋建瓴，化繁为简，从对赌概率上把自己设计到占优势的一方，这就解决了盈利的问题。毕竟花费多年的时间艰难地实践股票交易，不是掌控重金的投资方愿意干的事，有更简单的办法为什么不用？

配资给别人去炒股，自己赚取利息，盈利的概率几乎100%；股民配资杠杆炒股，总体上盈利概率又是多少呢？两者对比，当然选择盈利概率100%的。

举办炒股大赛，各券商、财经网站，还有一些资本集中营，炒股App，最喜欢参与了。他们一次又一次地举办，赚得一塌糊涂。因为作为举办方，在大赛里会产生炒股"冠军"的概率，是100%。只要拉来的参与者足够多，吸引眼球多，用"冠军"的噱头必定吸引一大波资金，屡试不爽。无论谁是冠军，举办方都是赢家。如果举办方自己亲自炒股，成为冠军的概率又是多少呢？这就是资本方把一个对赌概率未知数成功转换为100%。

另外的基金、私募也是类似性质，在炒股有一定胜率的基础上，第二次升级胜率，设计多只基金产品，推出多期募资，然后以收益最高的一期作为募资广告，并收取固定的管理费，再次把自己的胜率往100%靠近。

当你进入炒股这项工作，就无法避免对赌概率。处理这个问题不难，关键是你要清晰地认识到这个问题，才能有的放矢。大多数人，是没有察觉到问题的。当你热衷于选股，执迷于在A股里抓出牛股、稳健股、涨停股，以A股现状，你就陷在一个3000:1的对赌概率里，考虑到有时候会歪打正着，这个对赌概率也不会低于300:1，但在如此劣势的概率面前，就是神也难免覆灭，事实上差不多就是如此。

股市总体上每天都会有大涨的股票，这是100%必然的，但对于你买入的股票，它在上涨排行榜名列前茅的概率差不多就是1/300，任你智慧超群，在300:1的对赌现实面前，基本上没有还手之力。炒股的事业中，研究股票的走势和基本面只是基本功，如果不能深刻认识到对赌概率对股票交易的影响，只凭专业与勤奋想战胜股市是行不通的。只有反客为主，把交易中的对赌概率向对自己有利的方面转化，才是长久战胜股票、期货的唯一出路。

在一段时期内，交易的股票是固定的一个，就避免了频繁陷入300:1的对赌概率，剩下需要处理的就是下注时机。在走势由上涨、下跌两种可能交织而成的波动里，投机正确，对赌概率只有2:1。当然，即使是2:1，错了也是很严重的，概率还需要再次降低，这就是前文所强调的等待时机，不能见到股票就买。

等待时机，是以“一个相对固定的交易目标”为前提的（当然不是永久固定），如果时时刻刻在换股、选股，无休止地买进卖出，“等待”时机从何谈起？

进一步分析形势，在固定了交易目标之后，下注时机的对赌概率是2:1，股民还要面对盈亏对赌概率，这个问题相当重要，也是股票交易亏多赢少的杀伤力来源之一。以先赚后亏为例，某账户有100万元，赚50%，是150万元，如果此时亏50%，剩75万元。表面上看，盈利与回撤幅度相等，事实上账户资金莫名其妙折损了25%。若以杠杆资金计算，盈利速度加快，但亏损的速度在这个基础上也会加倍。

游戏规则里天然的盈亏概率，可能还没有引起重视。再以先亏后赚为例，10万元亏50%，剩下5万元，后面展开几次神操作，用剩下的5万元又盈利50%，回本了吗？当然没有，5万元到初始本金10万元的距离，需要盈利100%。如果考虑进去手续费和做短差带来的补仓不足、错误加减仓，实际情况只会比这个算法更糟糕。

这就是股票交易对赌游戏真正厉害的地方，选股的对赌、下注时机的对赌、盈亏幅度的对赌，三级概率对股民都是不利的，构成一个巨大的吞噬陷阱。股民之所以会输，并非股民不智慧、不勤奋、不冷静，并非股票走势有多么高深，而是太多股民没有认清自己的敌人是谁？十个百个输，可能是能力问题，但这是千万个、上亿个人输的问题，纯粹菜鸟是输给了对走势一无所知，但跨越这个障碍是不难的，跨越了之后，剩下的问题就是有意识地扭转对赌概率的劣势。

如果立足于投机盈利的视角，对赌概率便客观存在于股票交易之中，但它会把自己伪装隐蔽起来，躲在暗处。明明大多数情况是输给了对赌概率，可是它却成功地误导股民认为自己输给了其他，让他们在二手文字信息里勤奋地研究宏观经济、行业前景、财经新闻、大数据等，简直妙极了。

所以仍然回到对赌概率问题，先要明确自己需要攻克的目标，才能有的放矢。下面从选股概率、时机概率、盈亏概率三个方面综合讨论。

前文光头强和熊二的游戏里，光头强输了，但至少知道自己是输给了概率，并不是熊二有多厉害。彩民下注，损失了资金，也清楚自己是输给了强大的对赌概率，并不是庄家和彩票站老板厉害。

值得一提的是，股民温水煮青蛙，输掉了本金，并没有几个人清楚自己是输给了对赌概率。股票交易里的对赌概率，是隐蔽的，当然这个隐蔽不是具体某个人的行为计划，而是整个利益相关方集体无意识共同的选择。

有的股民认为自己成为输家的原因是对国家经济形势不够了解；有的股民认为亏损的原因是自己信息闭塞，不了解时事动态；有的认为亏损的原因是应用的技术指标太少；有的认为是自己对技术指标掌握得不够透彻熟练；有的认为是自己心态差，追涨杀跌；甚至有的人认为是自己资金太少了……这些原因“莫须有”，但是任何一条，都不及对赌概率对股民打击的真实、有力。

无论你是谁，当你打开交易软件，准备买入股票的时候，就无可避免地会面对第一个问题：买哪只？3000 多只股票，究竟买哪只？3000 选 1，这就是对赌。即使你以价值投资严肃认真的态度，把个人所能接触到的信息资料从日落黄昏研究到金鸡报晓，你仍然在3000∶1的概率中飞不出去，即使把概率打到1折，变成300∶1，结果也差不多。

当你选定了股票，准备买入，三成仓？半仓？还是满仓？现在买入还是观望？对期货来说，这个时候买多还是卖空？——这就是对赌的第二级，下注的时机概率。

买入后，面临两种情况，下跌了，卖不卖？再跌更多，割吗？也许见底了？一不小心跌成了大幅。如果是上涨，卖吗？再涨一点是否兑现盈利？后面也许有更大涨幅？在内心世界波动不止的惊惧和疑问中，无法知晓跌幅和涨幅会是多少？以两次操作为例，一次正确，一次错误，即使以盈亏幅度相等的理想状态计算，10万元先盈利10%，再亏损10%，剩9.9万元，还是输；反过来，先亏10%，再赚10%，剩9.9万元，也是输。

有的人还是不服，认为10万元往盈利方向发展，能翻倍为100万元，几百万，如果亏损，最多只亏掉10万元，所以还是赢的。在数学上是如此，可以赢，可惜股民不是一个数学化的人，而是一个欲望和情绪化的人，账户的盈利方向是无限的，盈利再多，也不会满足，仍然在对赌概率之中；但账户的亏损方向却是有限的，当本金接近0，股民会崩溃。——盈利向前发展的时候，股民的快乐会变淡，而亏损向前发展的时候，股民的痛苦会加深，以上是股票交易对赌中的盈亏概率，把心理方面的盈亏对赌也一并计算在内了。

选股概率、时机概率、盈亏概率横亘在股民面前，它们三者的关系并不是并列或者随机的，不是说股民遇到了这个，就能避免另外一个或两个，可以三选一或三选二。股民没有选择的机会，三大概率依次排列在一个管道里，几乎每一次完整的交易，都要面对三级概率的轮番攻击，才能走到管道的另一端。

这里强调一点，股民在第三级盈亏概率中的劣势，并非前文计算的那么微弱，关键在于它是最后一级概率。股民在前面两级强大概率的轰击下，赢的概率本来就低，至少是低于50%（极少数特例除外），因为成功与失败的次数各占50%，仅仅一个盈亏概率就能让股民输。实际上在经历了选股概率和时机概率之后，4次赢，6次输，还要面对盈亏概率，只能是雪上加霜，把原来的伤口撕得更大。当你回本心切，盈利心切，只会增加交易次数，提高交易频率，意味着又要面临新一轮选股概率、时机概率、盈亏概率的攻击。

至此，隐蔽在股票交易背后的三级对赌概率全部现出原形，而走势，反而只是完成对赌博弈的基本工具了。作为走势逻辑+对赌概率的混合体，股票交易与纯粹对赌的不同之处，就在于股价走势结果不是由某一人、某个机构完全设定，也不是由机器设定，而是由众多参与者的合力决定。这就给对赌博弈的参与者提供了一个逻辑窗口，否则这个游戏也没得玩了。前文所讲的走势形态、走势力度、买卖时机，就是这个混合体中可以逻辑的部分，现在剩下的问题就是在三级不利的对赌概率中扭转劣势。

消除对赌概率劣势的思想实际上贯穿交易体系全文，只是没有单独提出来专门论述。现在引入对赌概率，可以从建立概率优势的角度，重新梳理股票交易的重点。如果只能局限在片面的逻辑性里，就无法把握股票交易的“神”，因为隐藏在投机市场里的那个能让绝大多数人亏损的无冕之王，不是所谓的基本面，也不是技术面，而是对赌概率。当你以纯粹的逻辑思维从基本面和技术面入手，只是陷在巨大的对赌概率而不自知。

面对非逻辑因素的三级对赌概率，就从盈亏概率开始，再到时机概率、选股概率，逐一破解。因为盈亏概率与账户资金密切关联，只要在盈亏概率上建立起优势，时机概率、选股概率的难题将迎刃而解。

上一节走势的顺势与转折，就是为解决盈亏概率预备的零件，只需要两个顶分型的顶，或两个底分型的底，就能确定走势方向，然后在一个方向向上的走势里顺势买涨，在方向向下的走势里顺势做空。当然，最终它会遇到转折令顺势终止，可是1次或几次以上的顺势交易，只会在走势转折处失败1次。

在盈亏次数拥有概率优势的前提下，须进一步建立盈亏比例的优势，其中的关键就是止损位置的设立。一个巧妙的止损位置，与建仓时机相互依存，不能分割开去看，随随便便建仓买入。止损是没法设好的，设置小了，轻易就触发；设置大了，一旦失败就是较大幅度的亏损，失去了盈亏比例的优势。

这就要求买入位置以便于设置有利止损为前提条件，在“多、空双向模式——期货”一节已有说明，开仓时机应在波动幅度的中心点之外，靠近止损的一侧。具体操作就是，如果做空，开仓时机是次级别上涨走势的顶分型附近；如果做多，则在次级别走势下跌的底分型附近；在大周期走势的制约下，逆向波动在这里更接近于走势衰竭，也难于突破预设的止损。这样止损线凭借天然的阻力位与支撑位在很小的幅度内就能构成强有力的拦截，并依此建立盈亏比例的优势。

顺势交易的天敌是走势“转折”，但是一根移动的“止损拦阻线”，可以消灭走势转折对顺势交易的负面影响。

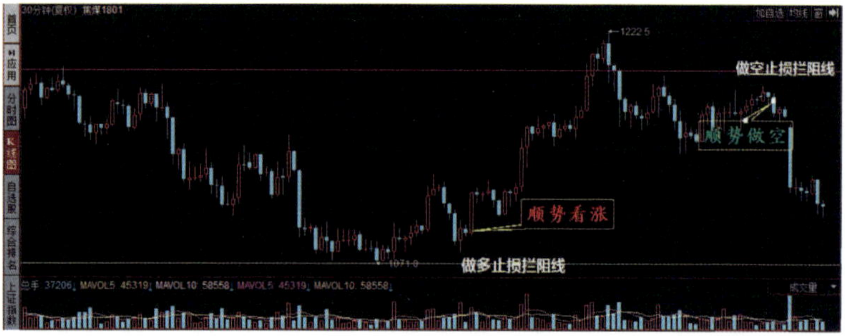

图 5.8.1　靠近开仓位置的止损拦阻线

如图 5.8.1，每次买入，随开仓点位附带止损拦阻线，如果走势与开仓意愿相反，必定触发退出程序，止损线所拦截的位置就是相反走势的必经之路，这是绝对无疑问的。

如果正确，盈利的幅度会比较大，甚至可以乘胜追击，大幅收获。随着盈利的扩大，止损线随走势向前推进。

如果错误，会亏损预设的幅度出局，再等待下一次机会。这个机会有个判断标准，就是盈亏不对称。在走势比较关键的顶分型、底分型附近买入，买入正确，能大幅盈利，只要走势没有转折，一直顺势扩大战果；如果买入错误，背靠险阻，发生小额度亏损立即结束本次交易。这就是由自己建立的新的盈亏对赌概率，只要盈利，就是小幅、中幅，或大幅；如果亏损，只在小幅范围内就被机械化截断了。长此以往，可以让股市、期市也领教一下优势盈亏概率的厉害了。

至于如何扭转买入、卖出时机对赌概率的劣势，前文第 4 章便有详尽说明。选股概率的解决办法，就是在操作中不以自己对个股的喜好为标准，甚至直接跳过选股这一步，买入、卖出的依据只有走势与时机，而不在乎它具体是什么股票，只有买入、卖出的节奏，没有对任何股票的固执偏见，因为凡是以 K 线走势来表示价格波动的投机品种，无论是什么东西，本质都一样。

走势的上涨与下跌，不是绝对的，但是走势有上涨与下跌两种可能，是绝对的。这个极简的论断，前半句就是投机的风险所在，后半句就是走势逻辑 + 对赌概率的混合体中，可以破解对赌概率劣势的突破口，用止损拦阻线把走势的反方向转折机械化消灭在极小幅度，将可以顺势的部分不断向前推进，直到下一个转折为止。

本节小结如下：股票交易体系从走势的基本分型开始，到走势的周期和力度，完成了走势逻辑的客观部分；从买入、卖出的时机到交易者精神世界的波动，完成了交易行为的主观部分；但这并非市场交易的全部，非逻辑因素即对赌概率，如影随形贯穿始终。成熟的交易体系，必须以建立对赌概率的全面优势为操作总纲，而不是斤斤计较于局部的是非对错，陷入频繁的自我怀疑。该总纲虽由本节提出，但实现这个总纲的效率和精确度，则与前面的每一节相关。

第9节 总 释

我们为什么要了解股市或者资本市场？这个问题无可回避，不是要不要的问题，仅仅是如何有效了解的问题。当今世界，全球资本化、深度资本化已经是人类无可回避的巨大现实，任何的反抗与抵触终将沦为寂寞的尘埃。一个不能从资本的视角看明白世界，不能在资本市场成功生存的人，无论你的优势资源是体力、智力，还是美貌与财富，最终只能沦为被资本游戏蹂躏的对象。

但是从另一个角度来说，一个深度资本化的世界，同样也给予我们前人所不可想象的机遇。在这个波涛汹涌的财富洪流中，弱水三千，只取一瓢饮，便足够了。在这一财富再分配的进程里，人类所有的贪婪、无知和恐惧几乎都在此聚集。一个人仅凭自己的智慧修养和对资本市场的深刻洞察，就能够以准确的决策参与交易，获得巨大回报，实现跨级飞跃，这是历史上任何时期都不曾有过的机遇。与之相对应的，传统的成功途径则需要多年甚至数代的人脉沉淀和资源积累，而且很大程度上门第出身、竞争壁垒等都成为其前进途中的障碍。

在资本化宏伟的历史进程中，无论是伟大的政治家还是卑微的社会个体，只有成为这个无声战场的钢铁战士，才能拥抱自己的梦想。如此执着与努力的深层动机，则是各个集团和个体为了实现自己精神空间的扩张——精神空间的扩张也是人类所有行为终极统一的最高动机；每个时代，实现精神空间有效扩张的路径不同，但是，人类精神空间必定沿着无数个体的最短路径往外扩张，这是先天局限无解的必然，任何人没有第二种选择。资本化，正是我们所处的这个时代实现精神空间扩张的最短路径和人类最大的共相。看不明白这一点，金融投机市场的参与者，也只能沦为资本游戏的玩物和交易的机器。

股市交易，其成功与否，最终比的是各交易者自身的心性修养。投机市场没有新事物，与交易相关的知识很容易穷本溯源，但全体交易者即使都用相同的理念来交易，由于心性修养的差异，最终的结果也会全然不同。

完善的交易体系只是成功因素之一，起决定作用的是在一次又一次的实践中提高自己的综合判断力和心性。抛弃肤浅的喜好与厌恶，脱离无知的贪婪和恐惧，所有的买入和卖出完全以市场走势本身为依据，在有限的时机里做有限的交易，在走势有上涨、下跌、盘整三种可能的客观事实下，一根筋地习惯性看空或习惯性看多，都会成为别人陷阱里的猎物。只有零向量地观察合力的走向，不傻空，不傻多，才能顺应走势，等待买入、卖出时机的到来，果断出手，精准交易。

顶、底分型，是走势形态的基本特征和基本构件，相邻两个顶、底或底、顶之间的连接就构成了合力的基本单位——段，在段的基础上，再构造出更大的合力单位——弦，走势必定出现转折和中继，并在图表上完成，这就是股价走势的形态部分。

由此产生的买点，即转折买点与两个相邻转折之间多个顺势买点，其具体分类有两种：基于做多的模式，由下跌走势转折为上涨走势的底分型转折点，是第一个转折买点，从这个买点直到上涨走势的结束，再转折为下跌走势，其间所产生的多个底分型买点，为顺势买点；做空的模式就是把这个过程反过来，前面做多模式的顶分型转折卖点，就是做空模式的转折买点，之后两个相邻转折之间下跌走势的多个顶分型，即做空模式的顺势买点。

走势合力在阻力中与诸分力此消彼长，有其从弱到强，再到衰竭的完整生灭过程。当某方向合力一直延续，该方向的走势就会发展为趋势，直到出现趋势背反，走势进入转折或盘整。当大周期合力接近于顶背反或底背反时，小周期合力的背反将引发不同周期合力共振，导致原走势方向的转折；而大周期合力沿趋势运行时，发生的小周期合力趋势背反，在大周期走势上只会产生中继或盘整。以上是合力的力度部分。

根据人类对事物的认知规律，按照从表面到本质，再化繁为简的次序，以上的走势力度演化过程又可以从第二个视角去理解，驱动股价上涨、具有做多意志的资金量，与驱动股价下跌、附带做空意志的筹码量，参与构造了走势合力的每一个细节，由此可以把走势的结构简化为折线结构，把买入、卖出时机简化为折线结构的底分型、顶分型。

走势在以上的局限中运行，必然产生相应的买入时机与卖出时机。由此建立的交易系统，就是只在买点买入后持股，并预设走势向上、向下两种情况分别对应的卖出时机，触发卖点坚决卖出并持币。这里的卖出分为两种情况：买入错误，在预设的止损价止损卖出；买入正确，则在上涨衰竭的顶分型卖出。选择适合自己的交易周期，多个走势周期联立操作，以上就构成完善的股票交易体系，把不可测的风险降低到可控范围，并把潜在的收益最大化。

我们立足于合力与顺势去看股票交易，在更高的层面上，应该贯彻到股市生涯的全部，通观全局，鸟瞰整个市场的合力与资金流的流向，甚至从选股开始，就可以基于合力的视角，来提高胜率。

我们面对的股市，是一个由上亿人参与、有几千个交易目标的庞然大物，如何在在这个庞大的市场中选出具有上涨力度和持续性的股票？如果按照一般的思路，自己去勤奋复盘、苦思冥想，甚至废寝忘食地从某股票的各方面状况推敲，陷入自我臆想，认定某个股票会涨，痴心持有，最终的效果都是不尽如人意的，可以偶然成功一两次，却无法频繁成功。这里不是说个人分析水平、知识水平等方面的能力问题，而是这种以个人的视角和局限看股市的逻辑是注定难以成功的。

股票上涨的逻辑是什么？不是因你看涨而上涨，无论你是谁，只要与其他众多股民和大资金没有在一个公共频道上，都是徒劳的，股票只会因大多数人看涨，或者大资金看涨才会上涨。而且一个人的关注宽度和反应能力终究无法与整个股市抗衡。

所以，我们的选股就从颠覆手工筛选的传统思路开始，鸟瞰整个股市，抓出在整个股市里已经被大资金和股民群众看涨而推举出来的股票，即使这是一只陌生的股票，甚至从来都没听说过，宁愿自己迅速去适应市场，也不要让市场来适应自己，因为自己适应市场选出的股票，只是一个几小时甚至几分钟的过程，而让市场适应自己选出的股票，也许是一个天荒地老的漫长等待。“顺势交易”的思想，在选股阶段就应该得到贯彻执行。

作为一个普通股民，如何能够统观全局，鸟瞰整个股市？

——布置一个以自己为中心的信息矩阵，以天下股民的眼睛为自己的眼睛，以天下大资金的选择为自己的选择，自己处于这个矩阵的顶端，只需要在极为有限的选择范围内作出最终裁决。

为了理解这个信息矩阵，可以做一个形象的比喻，国家总统和军队元帅也是普通人，为什么可以掌控千万级别人群的命运呢？说他们是普通人，是因为他们在智力、体力方面与一般百姓绝对没有这么巨大的差别，可以支撑他们凌驾于千万人群的顶端。这个支撑，就是信息和情报。关于国际和国内的最核心机密、最重要的数据、最富于经验的参谋智囊等高质量信息资源全部集中在总统与元帅手中，为其所用，这才是他们可以指挥千军万马的依凭，而且这些信息也不是总统与元帅自己亲自获得的，一个人无法有这么多精力，能够达到一个国家的任何角落。

我们要建立的，就是一个简单的、关于股市的信息中心，然后吸取这个信息中心的有效成果，为己所用。首先明确了股票上涨的机理就是资金流，而股票的风险来自高位放量下跌或低位顺势下跌这两类，这一块风险的去除是 K 线走势语言的职责。因此这是一个资金流和走势面的交叉组合，二者缺一都是不可的。为什么没说基本面？因为大量资金涌进的地方，基本面一定是得到别人预先的研究，被认可了的，这个事我们就省略了，或者它实际上就是一个基本面、资金面、技术面三者的交叉组合。

对于市场资金的监控，可以利用排行榜，因为它是一个竞争体系，能进入排行榜的股票是市场选择的结果，不是我们自己闭门造车、冥思苦想的结果。下面要说的选股的另一个组成部分，同样沿袭了这个思路：选股，我们自己不直接去选，让代表了市场最有经验、最有研究实力的人帮我们选，让那些最具智慧、消息最灵通的股市专家去选，让那些一呼百应、聚集了众多股市关注度的媒体、名家帮我们选，最终，这些信息、情报汇聚到我们面前，再用走势图和资金流交叉过滤一遍，一票否决掉安全性差的股票，剩下的，就是值得找买点进入的股票。

把有影响力的媒体、研究机构的劳动成果为己所用，这并不是懒惰，实则是包含了股票上涨原理的深层智慧，被大多数人关注或者看好的，才会有足够的资金流入，才会上涨。因为一个人的关注度终究有限，建立这样一个矩阵，使自己处于高效信息的顶端，就实现了统观全局、鸟瞰整个股市的目标。有的股票媒体，流量巨大，有上千万的股民关注，那里公示的某个“好股”，本来是不一定上涨的，却会因为媒体的作用，获得了巨大的资金流入，事实上上涨了。还有许多科班出身的研究员，通过分析基本面行业数据，得出某个股票是未来龙头——因为他的分析路径与太多股民具有相同的逻辑，其他人也是按这个逻辑分析的，从而会让各路资金细流沿着同一个分析逻辑汇聚成资金大河，让该股票走出缓慢抬升或急速上涨的行情，且预期的接盘的量源源不断。

建立高效的信息矩阵，首要的任务就是要选出“选股的人”，只需要找出10个以上在全国处于一流水平的人，把他们每天选出的股票拿过来，自己再在这几个股票里面结合走势、资金流筛选一遍，就完成任务了。有人会问，如此说来，那为什么不可以长期跟随一个人买股票？这是行不通的，任何一个个体或研究机构，都是一个有限的团体在战斗，不能代表股市整体，盈、亏都有交替，无法长期稳定地选出好股，而我们需要的，是一个稳定的信息矩阵，其中任何一位“牛人”，都只是这个矩阵里的棋子，一位不需要知道名字的免费助手，成功率高，选择性采纳；成功率低了，随时删掉，换一个人补充进这个矩阵。而在他们选股的后面，还有笔者的交易体系把关，做第二轮过滤，进行走势面与资金流的交叉验证，因此这整个选股组合，其效率和稳定性是任何一位单独的个人所无法比拟的，站在这个信息矩阵的顶端，我们就瞬间拥有了无限的智慧和精力。以天下人的眼睛为自己的眼睛，以主流资金的选择为自己的选择。

如何甄别出具有选股成功率的牛人？思路很简单，让市场来裁判：选股成功率高，粉丝多、阅读量大，在同类产品里排名靠前。选股成功率差的，不需要多久，自然会被粉丝和市场淘汰。以本书出版期间的市场现状为例，著名的微信公众号和微博的金融价值较高，在金融、股市等行业的权威网站，利用行业排名，在全国名列前茅的选股牛人里找出信息矩阵所需要的合格人选，筛选出10~20个公众号或微博账号加以关注，前提是：只寻找敢于每天明确公布具体股票的，而且个数不能太多，一到三五个。凡是只高谈阔论国际经济形势、宏观面、政策面，不公开具体股票的，不看；凡是一次下饺子一样列举几十上百个股票的，统统抛弃。这都不是我们需要的，看了纯粹浪费时间，对于潜伏板块比较精确的，可以保留。

有的公众号或微博的背后，是一个职业研究单位在运营，付出巨大的时间精力，对市场信息的把握，远远超出了我们自己的冥思苦想，而我们建立的这个“信息矩阵”，其综合能力，又超出了其中任何单独的一个。

我们并不需要认同他们看涨是什么逻辑，只要被众多资金看好，走势、成交量等能通过第二轮筛选，符合安全买点的条件，就可以作为我们的选股成果。这并不是说以后炒股可以完全依赖于某一个人，根本的，还是矩阵的总体效果，我们不粉矩阵中的任何一个人，记住，他们只是棋子之一而已。潮起潮落，有时对，有时错，我们对走势的把握能力和买卖时机的节奏居功至上，自己处于信息的顶端，才能长久不败。为什么这么说？从信息矩阵里提取的股票每次并不止一个，至少有5个或10个以上，在这一过程中，否决风险股票和等待买点的功夫，与买了股票之后如何操作，也是在“助手”们那里找不到答案的，只有靠自己对资金流、基本面、走势面的交叉组合运用，才能彻底解决各方面问题。

选股问题解决了之后，剩下需要我们去面对的，依然是股价的波动变化，股价走势看似纷繁复杂，实际上一直沿着唯一可能的方向运行，就是阻力最小方向。如同地表的水流，看似混乱无序，其实都是在万有引力的作用下沿阻力最小方向流动，这一规律既是局限，也是必然，顺之者昌，逆之者亡。水无常形，因地而制流；股无常价，因力而成势。这个力，源于人类精神空间的贪婪、恐惧所引发的欲望驱动，股价变化在走势二维图表上的有限分类，本质上是股票、期货交易背后，不同参与者利益、立场局限的必然。

万事万物与股价走势生灭不息，只有欲望和规律永恒。在股票、期货交易中实现总体上的稳定盈利并非难事，比交易理念本身更关键的，是经常被忽略的交易行为的承载体股民的内心世界，不能随股价走势一般反复波动——滥用否决权去否定总体上胜率优异的交易规则，又滥用赞同票轻易肯定有重大缺陷的交易规则，然后陷在交易规则的否定与肯定之间反复轮回。

与之同时，股价走势客观上一直处于三种分类的局限之中，走势向上便持股做多，其余两种走势便持币等待。如果交易的目标是期货，就多了一个交易方向，在下跌的走势里，开仓做空，并且随走势的向下发展，如影随形附带一个止损，阻断因走势转折导致超过预算的资金回撤，立足于有利的盈亏比例，进而在时机概率、选股概率上建立起自己的全面优势。事实上，使股票交易难度大大增加的是股民内心世界的波动，让交易规则的执行失去了稳固的平台，在无法量化的贪欲和恐惧面前，股民对简单的股价走势无法施加影响力，于是调转矛头，直指股票交易自身，把自己曾经肯定的交易策略轮番摧毁。在这种情形下，时隔多年，应当建立科学的交易规则的地方，依然一片荒蛮，空无一物。——一个冷静、稳固的内心世界，源于对走势各个周期的波动幅度与必然局限深刻的认知与把握。

立足于合力的视角分析走势形态，会发现虽然千万人互相矛盾的决策，导致不同周期的股价波动层叠交错，然而合力的生灭和转折，变化万千又循规蹈矩。涨跌看似无常，多空实有必然，只沿着阻力最小方向前进，其运行是如此简洁有力，如此清晰有序，实在是令人叹服。正是这种结构上的必然，提供给我们一把破解走势密码的钥匙，由此可以在股票、期货走势波动的风险中闲庭信步。